G.A Schmidt, Karl Wilhelm Friedrich Wassmannsdorff

Die Ringer-Kunst des Fabian von Auerswald

G.A Schmidt, Karl Wilhelm Friedrich Wassmannsdorff

Die Ringer-Kunst des Fabian von Auerswald

ISBN/EAN: 9783743421691

Hergestellt in Europa, USA, Kanada, Australien, Japan

Cover: Foto ©ninafisch / pixelio.de

Manufactured and distributed by brebook publishing software (www.brebook.com)

G.A Schmidt, Karl Wilhelm Friedrich Wassmannsdorff

Die Ringer-Kunst des Fabian von Auerswald

Die Ringer-Kunst

des

Fabian von Auerswald,

erneuert von

G. A. Schmidt

Turnlehrer zu Leipzig.

mit einer Einleitung von

Dr. K. Wassmannsdorff

in Heidelberg.

Leipzig, 1869.

R. G. Priber.

Einleitung.

Die vorliegende Erneuerung des Auerswald'schen Ringbuches kann, gegenüber der Ansicht, als sei die Turnkunst etwas ganz modernes,¹) einen Beleg für das Alter der deutschen Leibesübungen abgeben, während es für die Turnart, die es behandelt, selber nur als eine Art Abschlusswerk der mittelalterlichen Kunst des Ringens darf betrachtet werden.

Eine umfassende Geschichte der deutschen Turnkunst, an der es bekanntlich immer noch fehlt, wird nachzuweisen haben, dass planmässig angeordnete und betriebene Leibesübungen ein Eigenthum wie aller indogermanischen Stämme so auch des deutschen Volkes von dessen Urzeiten an gewesen sind; Andeutungen hierzu enthalten u. A. meine in der Turnzeitung bisher veröffentlichten kleinen Mittheilungen turngeschichtlichen Inhaltes; über die Leibesübungen des mittelalterlichen Ritterstandes ist beiläufig genügend in den „Neuen Jahrbüchern für die Turnkunst" von 1865 S. 104 ff. gehandelt worden.

Wachten zu der Römer Zeiten die schlachtenlustigen Germanen, der Römer Furcht und Bewunderung, „in Waffen und Uebungen"²) auf, so dürfte, bei dem Mangel genauerer Nachrichten, die Annahme wohl gestattet sein, dass es schon damals eine an Regeln gebundene Fechtunterweisung, eine eigentliche Fechtkunst, wird gegeben haben, die zur „Kraft" die „Kunst" hinzufügte, wie Hartmann von Aue von der Fecht-„Schule" der Meister seiner Zeit rühmt.³)

Einen wesentlichen Theil der altdeutschen Fechtkunst bildet das **Ringen**. — Schon das älteste deutsche Epos⁴) berichtet von seinem Helden Beowulf, der starken Hand, dem harten Handgriffe des Recken sehr selbst die besten Kampfschwerter zu weich und unhaltbar; daher, als es gilt, die unheimlichen Ungethüme Grendel und dessen Mutter zu bewältigen, wählt der Held den Ringkampf um das Leben, „Faust gegen Faust". Ebenso besiegt in heissem Ringe und nur mit Anwendung aller Kraft und Kunst der Held des Nibelungenliedes die übermenschlich starke Königin Brunhild.⁵) Wie das Ringen bei dem Schwertkampfe Verwendung fand, um die Entscheidung schneller herbeizuführen, mag etwa aus der folgenden Stelle eines mittelhochdeutschen Gedichtes⁶) erhellen werden:

> daz swert er⁷) in die mitterin,
> mit den harten armen er in umbevie⁸)
> uns trouz in, daz im riper mit nicht erthauet
> er quel in of als einen bol,
> und sinz in die nahe⁹) nider, daz er fâte ergab: ¹⁰)

der auf diese Weise Niedergerungene wird endlich durch die Harnischfugen hindurch mit dem Dolche getödtet.

War das Ringen anfänglich nur ein Zweig der Fechtkunst, und wurde es bei dem Fechten mit allen zu den verschiedenen Zeiten üblichen Nahwaffen im Kampfe Mann an Mann angewendet, so löste es erst allmählig zu einer selbständigen Turnart von der Fechtkunst sich ab, um wie diese zu einem Systeme plan- und schulmässiger Angriffe und Abwehren allseitig ausgebildet zu werden.¹¹)

Beweise hierfür enthalten **die handschriftlichen Fechtbücher**, wie sie in den Bibliotheken zu Wallerstein, München, Salzburg, Wien, Dresden, Berlin, Gotha, Wolfenbüttel u. s. w. aus verschiedenen Jahrhunderten, die ältesten freilich nur aus der Zeit nicht viel über dem 15. Jahrhundert, sich verhalten. Durch die meisten dieser Handschriften geht für die Fechtkunst mit den verschiedenen Waffen wie für die Ringkunst eine und dieselbe Ueberlieferung hindurch; nur wenige tragen ein besonderes Gepräge, wie seiner Zeit bei Herausgabe dieser bisher noch ungedruckten Schätze des deutschen Turnschriftthumes des Näheren ergeben wird.

Diejenigen dieser Fechtbücher, die dem „**Meister Lichtenauer**", einfach oder mit Erneuerungen der „Glossen" (Erklärungen) des „Zettels", d. h. der gereimten Fechtregeln, folgen und dennoch zunächst die „Kunst des langen Schwertes", der mit beiden Händen geführten geraden Hieb- Stich- u. Schnittwaffe lehren, widmen einem ganzen Abschnitte, den von dem Durchfechter behandeln achten, der Anzahl Ringübungen. Eine grössere Bedeutung hat das Fechtringen in den Anweisungen des „**Meisters Lew Lewen, Lamen**", zu dem Fechten im Harnisch zum **Kampf**, d. h. zu dem Ernste des gerichtlichen Zweikampfes. Ebenso lehrt „**Martin Haudseldern's**" Anweisung für das mit einer Hand geführte „kurze halbe Schwert" ähnliche und verdorbene Ringübungen zu schnellen „Endgebren" im Kampfe; ausser dem „Vernigeln" und „Anschliessen" (?) Gegners und dergl. — Anklänge an diese alte Kunstsprache beruhen noch Auerswald auf — Arm- und Kniebrüche, Hengelst, Hüftschwankungen und dgl. Lichtenauer's am Ringkasten sehr reichen „Messerfechten" das Messer ist eine Säbel lehrt sogar den niedergerungenen Gegner mit nur einem Arme so zu halten, dass er unter dem Sieger, liesse ihn der nicht wieder auf „erfaulen" müsste! — Findet ferner das Ringen bei dem „Degen" (d. h. Dolch) Fechten eine natürlich eine häufige Verwendung — zunächst eigen ist demselben der sog. „Scheere", ein Ersassen und Anlegen der Waffe um den Hals des Gegners, um diesen zu würgen —, so bethreiben die alten Fechtbücher auch für ihr „Fechten zu Ross" die für diese Fechtart geeigneten Ringübungen mit.

Neben diesen Unterweisungen für den Fechtkampf zweier Gegner behandeln die Fechthandschriften in selbstständiger, umfangreicher Lehre auch das **eigentliche Ringen**: Zwei Haupt-Bearbeitungen des Ringkampfes giebt es. Die eine wird von verschiedenen Handschriften auf „**Meister Ott**", einen getauften Juden, zurückgeführt, dem eine Wiener Handschrift der

---

¹) Vergl. die "turngeschichtliche Uebertretung Baierns" (?) in der D. Turnzeitung von 1865 S. 401 ff.
²) Caesar Bell. Gall. IV, 1 u. 2 Tacitus de moribus Germ. 24.
³) In dem um 1200 gedichteten Iwein, S. 236 der Ausgabe von Beneke u. Lachmann (1827).
⁴) Beowulf, das älteste deutsche Epos, von Simrock, 1859 S. 22. 24. 81.
⁵) Lachmann's 11. Ausgabe von 1841 S. 85 ff.
⁶) Rabenstein (aus dem Zeitraume von 1270—1290), Ausgabe von Rückert, 1859 S. 87 f.
⁷) Der Eine der beiden in der Seele verstummenden Fechter. ⁸) umgrenge, umfasste ihn. ⁹) umfing, ⁱ⁰) daß er Last (geschen) schwer.
¹¹) Von der Fechtsprache, die den Fechtern „Bruch" (man bricht, verletzt bei Gegners Plan) nannte, nahm das Wort „Bruch" der Ringkunst für ihre Abwehren an; die Abwehr eines „Bruches" nannte sie „Oberbruch".

Herren von österreich ringen" nennt; die andere, ohne den Namen ihres Urhebers, findet sich vollständig nur in einer Handschrift des 15. Jahrh., aus der sie — freilich in vielfach verderbter Gestalt — u. A. auch in **Albrecht Dürer's**, von **Jahn** (Turnkunst von 1816 S. 251) erwähnte Fechthandschrift von 1512 aufgenommen worden ist. Beide Anweisungen suchen das Ringen in seinen verschiedenen Formen, mit und ohne „Zulauf", das Ringen „aus den Armen", das „Lehringen" mit den verschiedenen Griffen und Gegengriffen („Brüchen" und „Wiederbrüchen") folgerecht darzustellen, enthalten aber auch noch die oben erwähnten „Mordstücke" des gleichzeitigen Fechtringens, Arm-, Bein-, Halsbrüche u. dergl. Die nur bildliche Darstellung des Ringens in **Thalhofer's** berühmten Fechtbuche — es enthält u. A. auch den gerichtlichen Zweikampf zwischen Mann und Frau, — dem ein Theil der erwähnten Kampfstücke [1] ebenfalls nicht fehlt, steht mit seinen Kunstwörtern Hüftringen, Halen, Schloß, Trapp u. s. w. dem Auerswald'schen Buche näher als manches der anderen alten Fecht- u. Ringbücher.

Als gegen Ende des Mittelalters die gerichtlichen Zweikämpfe nur noch selten als Gottesurtheile über Recht und Unrecht angerufen wurden, hätte auch die Ringkunst eine, nach Auerswald's Ausdruck, mehr „gesellige", dem Vergnügen an den Uebungen leiblicher Kraft und Geschicklichkeit der Ringer dienende Kunst werden können; dennoch bewahrt das **älteste gedruckte Ringbuch**, ein Holzschnittwerk aus dem Ende des 15. oder dem Anfangsjahrzehnt des 16. Jahrhunderts [2], noch Anklänge an die rauhe Art des alten Ringens um das Leben; außer seinem „Schragen, Halen, Gabel, Zwerch" u. s. w. spricht es von „Kampfstücken" und lehrt noch den Armbruch. Das Buch, in der Berliner Bearbeitung ohne Titel, führt auf dem Titelbilde des Münchener Exemplares die Ueberschrift: „Her in diesem büchlin findet man die recht kunst und art des Ringens, mit vil hüpschen stücken vnd figuren, Dar durch sich ein ytlicher [3] wol weren mag, vnd sollichen ringen lernen"; es umschließt 22 Ringstücke, der über den Figuren stehende Text ist in die Holzschnitte geschnitten.

Auerswald's „Ritterschimpflich" (d. h. ritterlichen Scherze bestimmtes) Ringbuch selbst enthält, gemäß dem Ringbetriebe der Zeit, in welcher die Ringmeister des sächsischen Fürstenhofes diesen und den jungen Adel unterweisen, wie die vorliegende Erneuerung zeigt, noch mancherlei „ungeselligliche" Stücke. Für „grobe Leute", wie er in der 32. Uebung sagt, gehört etwa sein Armbruch (Uebung 59 u. 63) und der Uebung 60 gelehrte Beinbruch, Dinge, **die außer vielen anderen**, Leib und Leben gefährdenden Griffen der Ringkunst dem Lehrmeister des jungen sächsischen Adels nach der alten Weise des Kampfringens natürlich sehr bekannt sein mußten. Vollständig friedlich oder gesellig ist dagegen der **Anhang** des Auerswald'schen Buches: „das Ringen im Grüblein", von welcher Scherzübung, so viel mir bekannt, **kein anderes Fecht-** oder Ringbuch sonst handelt. — [4]

Jahn hat bekanntlich (T. Turnkunst S. 253) von Auerswald's „gründlichem" Ringbuche geurtheilt, es verdiene in ein größeres Turnbuch vollständig aufgenommen zu werden —; die vorliegende Erneuerung des auf diese Weise belebten Buches soll darum auch weniger einem bloß turngeschichtlichen Interesse dienen als vielmehr der Förderung des praktischen Ringbetriebes der Gegenwart. Mögen unsere Turner an Auerswald's Uebungen, und zwar an den von ihm als gesellig bezeichneten, ihre eigene Ringkunst prüfen und von einer gewissen Befangenheit und Aengstlichkeit in Anwendung von Ringgriffen und Werthedigungen ablassen, die wir aus der Erstlingszeit des neueren Turnwesens ererbt und bis jetzt fast allgemein festgehalten haben.

Die Erneuerung des Auerswald'schen Bilderwerks, eine ebenso verdienstliche wie mühsame Arbeit, ist durch autographischen Umdruck ermöglicht; sie giebt die alten, von **Lucas Cranach** [5] gelieferten Holzschnitte getreu wieder. An keinem Blatte ist etwas geändert; [6] nur die Seitenzahlen unten links sind eine der Bequemlichkeit des Nachschlagens dienende Zuthat.

Das Dresdener „Kunstfechtbuch" des Augsburgischen Rathdieners **Paul Hector Mair** — nach dem Jahr 1542 geschrieben — [7], macht es uns möglich, den Bildern Auerswald's einen erläuternden Text voranzuschicken, der ihrer alterthümlichen Haltung besser entspricht, als es bei einer mit den klüngen gegenwärtiger Sprache versuchten Erklärung der Fall sein würde.

Wir bitten den Leser, diese handschriftliche Erläuterung eines Druckwerkes, nach den dem Texte vorgesetzten Nummern, welche den Seitenzahlen des erneuerten Auerswald entsprechen, von Blatt zu Blatt, Stück zu Stück mit diesem zu vergleichen.

Heidelberg, den 30. September 1869.

Karl Wassmannsdorff.

---

[1] Unter „Kampfstück" verstehen die Handschriften immer nur ein für den gerichtlichen Zweikampf vortheilhaftes Verfahren.
[2] Dieses kleine Holzschnittwerk ist überhaupt das älteste gedruckte Buch des Schriftenthums der deutschen Turnkunst; das älteste (Barthelmä's) Fechtbuch ist zu Wien 1516 gedruckt.
[3] jeder.
[4] Dem Auerswald'schen Ringbuche zunächst folgt das Pasche, freilich erst v. J. 1657, bez. 1664; dagegen handelt noch Schmidt's Fechtbuch v. J. 1713 in 6. Theile von den „vier ehrlichen Arten deß nützlichen" Ringens, das mit 27 Figuren veranschaulicht wird; der im Jahre 1674 zu Amsterdam u. 1675 zu Nümpelgart auch deutsch erschienene, mit Kupferstichen gezierte „Künstliche Ringer" des Nicolaus Petter (s. Jahn S. 254) ist in dem Fechtbuche 1679 gedruckten Joh. Georg Pascha's Berolini's als dessen eigene Arbeit vollständig aufgenommen, wie denn dessen „Kunst des Fechtens" ein schamloses Plagiat an Joachim Meyer's Fechtbuche vom J. 1570 ist.
[5] Vergl. die Zeitschrift Serapeum, Jahrgang 1844, S. 41.
[6] Selbst die alten Druckfehler sind beibehalten; 1. S. 12, 3 v. u. das (mag) man" — ; S. 16, 3, 2 ließ anstatt seit „Leib (sehr, weith); S. 32; groß ist st. u. rechts —; S. 82, bey hieß [—?] jm — ; S. 63, 3, 1 bei: des orchletens; das Wort „stein" S. 13 ist ein Druckfehler, sondern bedeutet fertig.
[7] Diese Jahreszahl findet sich S. 42 des 2. Bandes der schönen Handschrift, die in noch colorierten Bildern laß in der Größe der Auerswald'schen, den „Künsten" der königl. Sächs. Hofbibliothek (unter Nummer „C 94") angehört. Mair's Darstellung des Ringkampfes, unter der Ueberschrift: „Die Einst (Stellungen) in Ringen, 106 Stücke, zeigt mit den 77 Bildern vollständig dem Auerswald, das Ringen im Grüblein hat Mair jedoch nicht aufgenommen; für die meisten der übrigen Ringstücke war ihm Vorbild ein vortrefflich um 1530 zu Frankfurt a. M. bei Egenolff gedrucktes Fechtbuch, das selber wieder aus Albrecht Dürer's Fechthandschrift von 1512 zurückschließen ist.

Die Stend im Ringen.

1. Der erst zugang Im Ringen. ...

2. Das erst abwinden vor der hand. ...

3. Das schloß Ringen. ...

4. Die schwäche des Arms voran. ...

5. Ein wurff auß der Oſſne ſcheer. ...

6. Das zucken. ...

7. Das durchlauffen under dem Arm. ...

8. Ein abwinden von baiden ſeiten. ...

9. Ein obers und ein unders winden. ...

10. Das Rad. ¹) Item hapt Ir bald Ainander gefast, bey euren Ar/men, wol Jnn den Elnpogen, so thu bald fuerr zusamen vnnd schwing* Jn aus dem Rad, wol herumb auf dein rechten seiten. schwingt Er dich also herumb. so gib dich mit deinem leyb auf sein rechte Achsel. Jnndem las keine baid arm geen, rund wind Jm/ Jnnwendig vber seine baid Arm. windt er dir also vber deine baid arm. so trit mit dei/nem rechten fuoß Jnnwendig fur seinen linden. Jnn dem schwing Jn auf dem Rad/ fur dich auf dein linde seiten.

11. Das Rad vor dem man. Item schleuß dich Alſo mit diſem ſtuck ſpring mit/ deinem linckhen schenckel hinnein, das Er seine baid schenckel zwischen deinen baiden fuessen steen. Jndes greiff Jn mit deiner rechten hand nach seinem linken arm eben⁴) halb des Elnpogens rund mit deiner linden hand voruber sein rechte Achsel, ²) Ja dem/ wirst Jn auf dem Rad vber deinen linken schenckel. Wiltu das treeben, so lafe dein rechte/ hand von seiner linden Achsel rund sey Jm damit rennen an seinem hals. so ist das probiren.

12. Das schlos Ringen. ³) Item halt dich also Mit difen Schlofringen trit mit' deinem linken schenckel zwischen seinen baid fuers hinder sein recken fersen Ja er dir dich/ also eingetreten so greiff mit deiner linden hannd rouuen auf sein rechte Achsel. rund/ mit der rechten hinten vnnd seinen leib hinnaub deiner linden hand zu tilz truck/. Ja ⁵ damit standu zu dir. hat Er dich also gefast vnnd truckt dich zu Jm so greiff mit dei/nem linden arm vber seinen linken rund mit der rechten vnnden des seiner knepng⁸/ der linden hand zu hilfs. bey damit vberfich vnnd eben mit der linden Achsel truck/ vnu dir se weisstu Jn.

13. Ain eintreten mit ainem Wurff. Item schleuß dich alse Jn diſes ſtuck, trit mit deinem linken schenckel fur seine baid schenckel vnnd greiff mit deiner rechten hand auswendig/ auf sein linden Achsel rund mit deiner linden vnnd seinen leib hinnaub Jnn sein rechte Seiten. Begert er sich dann ledig zumachen, vnnd greifst dir mit seiner linden hand Jnn/ dein rechte Achsel. so truck Jnn mit sicchy mit deinem rechten Elnpogen Jn sein linde Zabhen rund ſchwing Jn damit vber deinen linden schenckel an den ruckhen.

14. Ein wurff auß der obern schwech. Item halt dich also Jnn disem stuck trit mit deinem/ linden schenckel hinder seinen rechten vnnd greiff Jn mit deiner linden hand vnder/ sein ein ruud mit der rechten Jnn seinen linken Arm wel oben bey der Achsel. Begert er sich dann des reuisse zu enthalten vnnd greifft dir mit seinen baiden armen von/ Jnnwendig Jn die baid arm se rucke Jn mit deiner linden hand ben seinem hals. auf der schwech stareck zu ruck. se kan Er sich nit enthalten. ²) Jndes wirff Jn vber dei/nen linden schenckel zuruch.

15. Ain wurff auß dem Einwinden. ⁸) Item schleuß dich Alfe Jnn diſes einwinden. spring' mit deinem rechten fuoß fur seinen linden schenckel. rund greiff Jm mit deiner rechten/ ten Arm hinden rund seinen Leib hinnaub zu seiner rechten seiten. vnnd mit der linden/ hand fas Jn ben seinem rechten Elnpogen. gend Jn damit zu dir auf dem rechten seiten. Begert er dich dann zu einem truff zu pringen. so greiff Jm mit deiner rech/ten hand vber sein ruß. auf sein linde Achsel. rund mit der linden ben seiner waich ⁹/ hinumb zu seiner linden seiten. Jnndem trit mit deinem rechten schenckel zu ruck, vnnd schweig Jn von seiner rechten huff. auf sein rechten seiten. se weisstu Jn fur/ fich hinnauß.

16. Ein wurff aus der wag. Item hat/ dich also mit Difem wurff/ auß der wag. wann Jr baid zusamen gend so trit mit deinem rechten schenckel fur seine/ baid schenckel hinauff rund greiff Jm mit deiner linden hand nach seinen rechten ach/sel. vnnd mit der linden rechten vnnder seinem linken Arm hindurch vnnd sein waich. hat/ Er dich also gefast. zu einem wurff. so greiff Jm mit deinem linden Arm vber seinen rech/ten rund seinen leib hinumb. vnnd mit deiner rechten dan der linden zu hilff. hat Er/ dich also gefast. vnnd veruanst sich zu enthalten. so wirff Jn vber baid schenckel wie du/ Jn dann gefast hoſt.

17. Ein wurff auß dem schwung. ¹⁰) Item halt dich alfo Mit difem ſtuck, trit mit di/nem rechten fuoß Jnnwendig fur ſeinen rechten vnnd greiff Jm mit deiner rechten hand/ vber sein prust Jnn sein linken seiten vnnd mit deiner linden hand wel oben Jnn seinem rech/ten schenckel. hat Er dich also gesaft zu dem schwung so greiff Jm mit deiner rechten hand/ vnnder seinen linden aus Jnn sein Böfen rund mit der linden Jnnwendig Ju/seinen rechten Arm trucht damit vnnderich. Wilt er dir den schwung also weren. se trit mit/ deinen linden schenckel hinder seinen rechten vnnd schweig Jn vber deinen linden schenckel./ auf die erden.

18. Ain gemainer wurff. Item so Jr baid zuſamen wend ſo trit mit dei/nem linken schenckel zwischen seine baid fuerr vnnd greiff mit deiner linden hand Jm mit deiner rechten hand/ hinden nach seinen rechten schenckel vnnd mit deiner rechten hand vnden nach/ seinen gemechten. vnnd schwing Jn auf dein rechten seiten herumb. Zwingt er/ dich also herumb so schlag Jn/ deinen linden fuoß. vnnd deinen linden auf dein/ baiden ¹¹), so muess Er fallen.

19. Eine wurf aus der wag. ¹²) Item schleuß dich Alfe Jnn diſes ſtuck. Wann/ Jr zusammen gend trit mit deinem linden schenckel darein. vnnd greiff Jm mit deiner/ rechten hannd vnnd seinen leib hinumb wel Jnn der waich seiner linken seiten. vnd/ mit deiner linden hand wel oben Jnn seinen rechten schenckel. hat Er dich alle ge/faſt. ſo greiff Ju auch mit deiner linden hand vnnd seinen leib hinumb wel Jn die waich/ seiner rechten seiten. vnnd mit der rechten wel oben Jnn seinen linden schenckel vnder sei/nem linden Arm hindurch hat Jr dann baid einannder alſo gleich gefast Jnn der wag/ so trit mit deinem rechten schenckel fur seinen linken vnnd schwing Jn daruber auß der wag./

---

¹) In Mair's Fingerpaar hat der Rechte eine andere Stellung als bei A; er befindet sich nämlich in einer Ausholstellung hinten
²) Bekannt ist, dass das Ringen der Schweizer Sennen das Kunstwort „Schwingen" noch jetzt führt.
³) Achselhebe. ⁴) S. oben d. Stück. ⁵) Zum. ⁸) Ansetzhebe.
⁶) sich anrecht halten; vnder. Und der h. Geist empfahe mich.
⁷) Bei Mair's Fingerpaar steht der Linke in einer Schrittstellung vorn.
⁸) Die Winde, Tadle. Das eigentliche Wort ist „die Kruntt"; ſteant in alten Thumen bedeutet schwach
⁹) Jn Mair's Bild ſteht der Linken linkes Bein weiter prufst als bei M
¹⁰) „Der Haken" ist ein Kunstwort der alten Ringerspeche.
¹¹) Bei Mair befinden sich beide Ringer in entschiedenerer Schrittstellung th.r.e

20. Ain wurff auß der sterck. Item schick dich also Wann Ir zusamen gond/ trit mit deinem lincken schenckel auswendig hinder seinen rechten vand sat Jn mit/ deiner rechten hand wol Jm der waich seiner rechten seiten vand mit der lincken hant/ greiff Jm vnd seinen leib henumb Hat er sich also gefasset so greiff mit deiner linď / en hannd vber seinen rechten arm nach seiner rechten seiten vnnd mit deiner rechten/ hand auch vnd seinen leib hinnumb deiner lincken hand zu hilff Jn gleicher streich. hart/ Jr dann baid also ainannder gleich gefasst. so trit mit deinem lincken schenckel far sei/ nen rechten vand tructk Jm die waich starckh zu dir. Indes sey Jn dem tin wol eben an/ sein prust tructh damit vndersich. so wirfstu Jn vber deinen lincken schenckel.

21. Ein wurff auß der obern schwech. Item schick dich Also mit disem stuckh/ trit mit deinem lincken schenckel auff sein rechten seiten hinden für seine baid/ schenckel hinauss Jundem sey Jm mit deiner lincken hand an seinen hals/ vnd mit der rechten greiff Jm vnd seinen leib hinnumb seiner rechten seiten./ will er sich dann enthalten vnnd greifft dir mit seiner lincken hand nach dei/ nem rechten Ellenpogen. vnnd mit seiner rechten hand vnd deinen leib hin/ und deiner rechten seiten. vnnd begert dir das abzunemen. ⁴/ So tructh Jn eben der / den schwech ober deinen lincken schenckel so wirfftu Jn darüber.

22. Ain wurff auß der mittern schwech. Item halt dich also Mit disem stuckh. wan / Jr zusamen gond. trit mit deinem rechten fuoß hinder seinen lincken wol hinauss/ vnnd heb mit deiner lincken hand den Jnnwenig seinem rechten schenckel wol auf in/ die hoch tructh mit deiner rechten hannd greiff hinden vnnd seinen leib hinnumb/ wol Jm sein rechten seiten. hat Er dich also gefast zu ainem wurff. so greiff Jm/ mit beiden armen Jnn der waich hinnumb seiner mitten schwech vnnd tructh/ damit starckh zu die Drucke er dich also zu Jm. so gieb dich ain wing* hinder sich zu/ tructh vnnd heb seinen rechten schenckel wol vberssich so müsten Jn auf sein rechten ⁷ Seiten.

23. Ainn gemains Ringen. Item wann Jr zusamen trend/ so trit mit deinem lincksten schenckel zwischen seine baid fuess vnnd tructh Jm/ mit deinem lin neben seinem hals starckh hincin gib er sich dann In die wag/ vnd bengt sich so greiff mit deiner lincken hand zwischen seine baid fuess. vnd/ mit deiner rechten vnd seinem leib hinnumb zu seiner rechten seiten vnd jeuch/ Jn zu dir. hat Er sich also gefast zu ainem wurff/ so greiff Jm mit baiden ar/ men Jn der waich lincken vnd seinem leib hinnumb vnnd tructh/ er dich also zu Jn so tring Jn oben mit dem tin starckh von dir. vnnd vnden sich vbersich/ so müess Er zu tructh fallen.

24. Ein wurff vber die hüff. ⁵/ Item halt dich Also mit disem stuckh was Jr zu/ samen gond. trit mit deinem rechten schenckel. für seiner rechten hinnauß vnnd greiff/ Jm mit deiner rechten hand Jun sein lincken Bsten. vnnd mit deiner lincken hincken/ vnnd seinen leib hinnumb deiner rechten hand zu hilff hat Er dich also gefast. so greiff/ du mit deiner rechten hand vornen ober sein prust vnd seinen leib hinnumb vnd mit/ deiner lincken hand faß Jn starckh bey seinem rechten arm eberhalb des Elnpogens Jn/ des trit mit deinem rechten fuoß für deinen lincken. vnnd schwing Jn vber dein rechte/ hüff. so muess er fallen.

25. Ein wurff auß der wag. Item wann Jr baid zusamen gond so schick dich also. trit mit deinem lincken schenckel für seine baid fuess. hinans vnnd greiff Jm mit deiner/ rechten hannd wol Jn sein waiche vnnd seinen leib hinnumb vnnd mit deiner lincken/ hand/ vornen ober sein prust auch vnd seinen leib hinnumb deiner rechten zu hilff. hat Er dich/ also gefast so greiff du mit deiner lincken hand vber seinen rechten Arm hinden vnnd seinen/ leib vnnd mit deiner rechten hum deiner lincken zu hilff gib dich damit wol Jn die wag Indes/ schwing Jn vber deinem lincken schenckel henumb so muess er fallen.

26. Ainn wurff mit ainem Armpruch. Item halt dich also Jm die stuckh fast Er dich vornen mit seinem rechten hand bey deinem lincken Arm Jnnwendig vnnd mit seiner lincken hand will er/ dir vnd deinen hals faren das Er dich zu Jm ziehe. ⁸ so vberfall Jn mit deinem rechten Arm/ wol oben ober sein Achsel vnnd mit deiner lincken faß Jn bey seinem rechten Elnpogen An/ dem sey deinen rechten schenckel wol für sich ⁶/ hinans vnnd tructh Jnen starckh vndersich so erlur/ stu Jm den Arm ober schwing Jn/ Indes behend ober deinem fürgetretten schenckel ober die basi/ sey/ müess er fallen.

27. Ein armstossen heraus ain wurf geet. ⁷ Item halt dich also Wann Jr zusamen gond sey Jm/ deinen lincken schenckel des Jnnwendig an seinen rechten vnnd faß Jn mit baiden hendern/ vornen bey seiner waich hat Er dich also gefast so greiff mit deinen baiden armen Jm ober/ scheich. baid arm vnnd faß Jm vnden bey seinen Elnpogen die Arm starckh zusamen. Jn ⁸/ dem heb Jn damit vbersich vnnd schwing Jn vber deinen rechten schenckel so muess er fallen./

28. Ain fessel bas ledig zu machen ist. Item schick dich also Jn dises fassen. trit mit/ deinem lincken schenckel hincin vnnd faß Jn mit baiden henden vornen bey der waich/ hat Er dich also vornen gefast so far Jm mit deinen baiden Elupogen zwischen sein Arm hincin Jnn dem gib dich wol uber Jm die wag vnnd trisch damit aufs Jnabs/ fas/ Jm mit deinen baiden henden vunder seine baid Elnpogen schrab Jmd dannit wol/ vbersich Jn die boch vnnd schlach Jm den hagelen mit deinem lincken fuoß fei/ uen lincken Jn wirfstu Jn zu ruick.

29. Ein einbrechen mit ainem wurff. Item wann Jr zusamen gend. so schick dich also halt deine baid/ hend wol über gar es dann gegen die. so erwüsch mit deinen baiden armen bine baid schenc./ el vnnd jench Jn damit zu dir. jencht er sich also zu Jm so greiff Jm mit baiden armen oben/ vnnd seiner baid Achsel. hat Er dich also gefast. vnnd begert hich mit Jm zu werffen. so gee/ ⁶/ mit deinen fuessen wol von einannder vnnd jench Jn damit ober deine schenckel. so wirf/ stu Jn wie du wilst.

⁴⁾ abnehmen: in der Fechtersprache gleich: brechen, ablegen.
⁵⁾ Das ist: wenig
⁶⁾ Bei Blair in der Richten Stellung mehr anschal Stolzch.
⁷⁾ Bei Blair sieht der Verfasser ansdul-Anlieter.
⁵⁾ postern laßt man zufunt geben auch jetzt noch in eintergelstischen Movariren.
⁶⁾ für hie, f. i. weinigen.
⁷⁾ Der Inde des Märchen Sinhes sieht in einer Ansliedßlichung sieht.

30. Ain wurff auß dem hackhen. Item schieb dich Alßo mit disem stuckh, wann Ir zusamen gendt, tritt mit deinem lincken schenckl Innwendig für seinen rechten, vnnd far Im mit baiden henden vnnd seiner seid hinaus, Iß In damit starckh vnnd truckh In mit gwalt zu dir, hat er dich alßo gefast, vnnd truckh dich zu Im so greiff Im, mit deiner rechten hand vnnder sein Kin vnnd tring, In von dir vnnd In tringen schlag, In den hacken mit deinem rechten fuoß hinder sein lincke kniebug, so magstu In verschießen vnnd das stuckh geet von baiden seiten.

31. Ein abnemen des Armfassens. Item wann Ir zusamen gendt, so tritt mit deinem lincken schenckl hinein vnnd greiff mit deiner rechten hand In sein, lincke prust, vnnd mit deiner linckhen Im sein rechte Achsl hat er sich alßo gefast, vnnd du mit deinem rechten fuoß gegen Im tratst, so greiff mit seinem linckhen Arm, auffreuttig oder sein rechte haund truckh damit an dein prust, so muoß er sich zu dir, biegen, vnnd mit deiner rechten hand greiff Im nach seinem linckhen Achßel zeuch In, damit zu dir Indes greiff mit deiner lincken haund zwischen seine fuoß vnnd mit, deinem rechten Arm vnd seinen hals so wirfstu In auf die sehr.

32. Ain armzuckhen mit einem wurff. Item schieb dich Alßo Inn diß stuckh, wann er gegen dir zu, tritt mit deinem rechten schenckel zu Im vnnd greifft Im, mit deinem lincken arm vander seines rechten Elnpogen gesth In damit zu, die so beugt er sich vnnd Im dem biegen, so greiff mit deiner lincken hand In sein rechte, Indes winde Im seinen arm damit vbersich, so magstu Im den rechen, hat Er sich alßo gefast, vnnd begert dir den Arm zu zuckhen, so soll Im mit deiner linckhen hand In seinen rechten arm truckh damit starckh ruderwisch, so wirstu des arms ausse ledig, Indes far Im behend mit deiner lincken hand voren vnnd seinen hals vnnd trit mit deinem lincken fuoß hinder seinen rechten vnd reiff In darüber.

33. Ein zuckhen darauß ain wurff geet. Item halt dich Alßo Inn disem stuck wann Er, mit dem kopff an dein prust tringt, so far Im mit baiden henden vnnd seinen hals, vnnd erwisch In der seinem gutter vnnd hab ihn das so weil Im der waag, standtest, hat Er sich alßo gefast der deinem hals, so greiff mit baiden armen, vnd aufsreuttig oder seine halt Arm, Ghreifft er dir alßo oder so sey deinen lincken schenckel zu ruckh vnnd zuckh In Indes behend zu dir, so wirfstu In für sich auf das Angsicht.

34. Ain durchlauffen vnder dem arm. Item schieb dich Alßo Inn diß stuckh, wann Ir zusamen gendt ergreiff In mit deiner rechten hand sein lincke, beids das, mit weel vbersich, Indes wölsch mit deinem kopff vnder seinen lincken arm hin, durch vnnd trit mit deinem linckhen schenckl hinder seinen lincken Indes greiff, mit deiner linckhen haund nach seinem linckhen schenckel nicht sich damit auf vnnd, heb In Alßo doch vbersich, so magstu In werffen oder hintragen wo du willt.

35. Ein verkerer. Item halt dich alßo In disem stuckh, wann du, zu dem mann kumpst, hat er das mit seinem rechten fuoß gegen dir vnnd du auch, mit deinem rechten schenckel verstelst, so ergreiff In mit deiner lincken hand sein lincke, vnnd mit deiner rechten hand greiff Im vander seinen lincken Elnpogen Ile ver, trit da In das es dir den ruckhen muoß bieten In das mit mit deinem lincken schenckel, hinauß vnnd sich oben weel reu ein ße setzt er auf das angesicht.

36. Ain wurff auß der wag. Item wann Ir baid zusamen gendt, so halt dich, alßo, kumbt ein deinem linckhen fuoß ver, vnnd gib dich Im die wag, hat er dann, alße gegen dir so trit mit deinem rechten fuoß weel Im triangel, hinder In Indes, greiff mit deiner rechten hand hinden zwischen seine fuoß vnnd ergreiff Im seinen, rechten schenckel, heb den damit vbersich vnnd, mit deinem lincken Arm greiff Oben, vnd heb bald das du In Alßo mit seiner lincken hand der seiner prust fassest, Inn dem truckh starckh vnndersich vnnd mit der rechten hand heb weel vbersich so wirfstu In, auf das angesicht der die prust.

37. Ein eingang mit einem Armfassen. Item schieb dich Alßo Inn diß stuckh, hand mit deinem lincken fuoß ver stat er dann auch alßo gegen dir mit deinem rechten fuoß ver vnnd, greifft nach dir, so erwisch In mit deiner rechten hand seinen lincken arm damit, vnnder seine hand vnnd halt In alßo fast Im In schieben so tritt mit deinem lincke schenckel zwischen seine baid, fueß, Inn dem greiff Im mit deiner linckhen hand In seinen rechten Elnpogen trucks damit rundersich, so muoß Er sich den haunen lassen, In des far Im mit deiner lincken hand weren vmb seinen hals worüber deinen fürgestetten schenckel.

38. Ainn wurff auß der scher. Item halt dich alßo, Wann du zu dem mann, kumpst trit er mit seinen rechten schenckel gegen der, so spring mit deinem lincken schenckel hinder seinen rechten vnnd far Im mit deiner linckhen hand, vnnder seiner rechten hindurch oder sein prust sey In damit an seinen hals, Indes greiff mit deiner rechten haund weel oben nach seinem rechten schenckel, heb damit vbersich vnnd oben mach stanckh rundersich so wirfstu In auß der scher.

39. Ein wurff ober die hüff. Item wann Ir baid zusamen gendt so schieb dich alßo Inn, diß stuckh, trit mit deinem rechten schenckel hinein hat er dann auch gegen dir mit seinem lincken fuoß ver, so hab Indes acht das du Im mit deiner linckhen hand sein, lincke erwüscht, wend In damit zu dir, Inn dem far Im mit deiner rechten hand, hinden weel vmb seinen Leib hinumb vnnd wirff In damit ober dein rechte hüff.

---

[1] Bei Mair hat der Linke eine Ausfallsstellung rechts.
[2] drängt.
[3] d. h. man kann mit dem rechten und mit dem linken Brüstern „Lucken" machen.
[4] Vers.: prust.
[5] Vergl. oben das 5. Stück.
[6] die hüg, hak.
[7] Verkehrer, d. i. Umwerfer, heißt auch ein Fechtstück.
[8] Aus der späteren Fechtsprache entlehnt; ein Schrägausfall nach außen ist gemeint

40. Ain Widertruckhen. Item schickh dich also wann Ir baid zusamen/ gondt tritt mit deinem linckhen schenckel hinein hinder seinen rechten. stat er dann/ also mit seinem rechten schenckel gögen dir vnd greiff dir mit seiner linckhen hand/ nach deinem rechten schenckel wol oben. vnnd mit seiner rechten hannd Innwendig/ zwischen deine baid Arm. so fall Im mit deiner rechten hand oben auf seinen hals vnd/ mit deiner linckhen. greiff Im vnder sein rechte Bäsen truckh In damit wol nider zu/ der Erden.

41. Ein wurf auf der lurtzen hüff. Item wann Ir zusamen Gond./ so schickh dich also Inn disem stuckh tritt er mit/ seinem rechten schenckel zu dir hinein/ das Im sein rechter fuss aufwendig an deinen rechten kumpt. so greiff Im mit dei/ ner linckhen hannd hinden vnnd seinen Leib hinumb. vnnd mit deiner rechten./ Inn seinen linckhen Elnpogen vnnd zuch In zu dir. hat er dich also gefast. so greiff/ Im mit deiner rechten hand hinden vnnd seinen hals. truckh/ In damit zu dir. rucke/ er dich also zu Im zu fuss In mit deinem rechten knie. Inn sein rechte kniepug. so wirffstu/ In vber dein linde huff.

42. Mer ein wurf auf der hüf. Item halt dich also Wann du zu dem Mann kumpst/ tritt mit deinem linckhen schenckel hinein für er dann auch auch gegen dir mit sei/ nem rechten fuss vor so hab In den gute oder das du Im mit deiner linckhen hand. oder/ seinem rechten greiffest/ ain linckhe Achsel. vnnd mit deiner rechten hand greiff/ In wol oben nach seinem rechten schenckel heb den damit vber sich. hat er dich also/ zu einem wurff gefast. so greiff Im mit deiner rechten hand vnnd seinen hals nach/ nach seiner rechten Achsel vnnd mit deiner linckhen hand In seinen rechten Arm. begert er/ sich also zu entladen. so heb Inndra wol vberstch vnnd truch oben vnderfich so wirfs/ tu In vber dein linde huff.

43. Ain wurf von der linckhen seiten. [1]) Item schickh dich Also Inn disen stuckh tritt mit/ deinem linckhen schenckel hinein. vnnd greiff Im mit deinem linckhen arm/ oder sein rechter Achsel an seinen hals. vnnd trag In mit deiner linckhen hand den/ Er Im Judes greifft Im mit deiner rechten hand aufwendig In seinen rechten schenckel/ vnnd heb In damit vbersich. hat Er dich also gefast. so greiff Im mit deiner rechten/ hand vnnder seinen linckhen Arm hindurch vnnd seinen hals. vnnd mit deiner/ linckhen hand vnnden nach seinem linckhen schenckel Will er dir dein arbait also/ strechen vnnd legert sich zu enthalten. so schwing In herumb auf dein linckhen/ seiten. vnnd wirff In vber deine linckhe Huff.

44. Ein zuckhen mit einem Wurff. Item halt dich also Wann du zu dem/ man kumpst tritt mit deinem linckhen schenckel hinein. vnnd hab acht das du Im/ mit deiner rechten hand sein rechte ermischest vnnd zuch In Judes zu dir auf dein/ prust. vnnd mit deiner linckhen hand soll Im vber sein rechte Achsel truckh damit wol/ vbersich. zuckh er sich also zu Im. so tritt mit deinem rechten fuss hinder/ seine linckhen. vnnden nach faren ge' nuchten vnnd oben mit dem rechten Elnpogen truckh In starch an sein prust/ den dir. so wirffstu In vber deinen rechten schenckel.

45. Ein vberschieben mit dem auffschupffen. ") Item wann du zu Dem man kumpfst/ vnnd er Inn dem hagden stat. so hab Judes gute acht das du Im mit deinem linden schenckel seinen rechten auffschlachest. Inn dem ermisch In den selbigen schenckel/ mit deiner rechten hannd In damit wol auf. hat er dich also gefast. so greiff Im/ mit deinem rechten Arm vnnd seinen hals hinumb zu seiner rechten Achsel vnd mit/ deiner linckhen hannd In seinen rechten arm Will er dir deine arbait also strechen/ so greiff In das Im die weg vnnd far In mit deiner linckhen hand Hinden vnnd seinen Leib/ hinumb Judes zuch dich auf vnnd scharf In damit vbersich.

46. Ein Bruch gegen dem auffschupffen. Item wann Ir Baid zusamen gend so schickh also *), In disem stuckh. tritt mit deinem linckhen schenckel hinein vnnd greiff Im mit deinem rech/ ten hand vnnd mit deiner linckhen hart hinden vnd sei/ nen Leib hinumb. Indes gib dich wol nider Inn die weg vnnd scharff In vbersich. le' gat er dich also feft zu heben. vnnd gib In damit rechten fuss zwischen seinen/ baiden forssen steck so greiff Im mit deiner rechten hand vnd seinen hals hinumb/ Inn sein rechte Bäsen vnnd mit deiner linckhen hand Inn seinen rechten Elnpogen/ so ist Im das schuffen gebrochen In den schwing In vber deinen rechten schenckel./

47. Ain wurff auss/ dem Backen. Item halt dich also Inn disem stuckh stand mit dei/ nem rechten fuss vor. vnnd mit deinem linden tritt Im hinder sein linckhen Jercke./ In dem greiff Im mit deiner linckhen hannd vnnd seinen Leib hinumb In sein linde Bäe/ sen. vnnd mit deiner rechten aufwendig In seinen linden Elnpogen zuch In zu dir./ mit zu dir. hat er dich also gefast. vnnd zuckt sich zu Im zu greiff Im mit deiner rechten/ hand vnnd seinen Leib hinumb auf sein rechte Achsel. vnnd mit deiner linckhen In sei/ nen arm. Inn dem schlach Im den hackhen mit deinem rechten fuss vnnd deinen/ rechten linckhen. schwing In damit vber deiner rechten auf dein linde seiten.

48. Ein Bruch auf den Hackhen. Item schickh dich also Wann Ir für dei/ man kumpft schlach Im den hackhen mit deinem rechten schenckel vnnd seinen/ linckhen vnnd greiff Im mit deinem rechten arm wol seinen hals herumb./ vnnd mit deiner linckhen hand Innwendig In seinen rechten Elnpogen/ hat er dich also gefast. vnnd begert dich auf dem hacken zu werfen. so fei Im nur/ baiden henden oben an seinem hals. so muss er zu ruckh fallen. vnnd ist Im der/ hackhen gebrochen.

49. Ein wurff auss dem Rad. Item wann Ir Baid zusammengond. so halt dich also/ Inn disem stuckh. tritt mit deinem linckhen schenckel zwischen seine baid fuss vnd/ greiff Im mit deinem rechten arm vber sein linckhe achsel. greifst er dir also vber./ so fall Im mit deiner rechten hannd an seinen hals. truckh In damit vernen nider./ will er dir das mit seiner linckhen hand rechten. so greiff Im mit deiner linckhen/ haand hinden zwischen seine baid fuss. In des tüch In herumb vnnd auff dein Rad.

50. Ain wurff auss dem Hackhen. Item schickh dich Also Inn diser stuckh. stand mit/ deinem linckhen fuss vor vnnd greiff Im mit deiner linckhen hannd oben In sein linde/ Achsel. greifft er dir also vber. so soll Im mit deinem

---
¹) In der Malr'schen Augengruppe ist des Verderen rechtes Bein mehr gestreckt als das S.
*) Auffchupffen — heben er die Höhe schnellen; f. die 46. Uebung.
*) Ergänze: vnd

lindßen arm an seinem hals. vnd/ mit deinem rechten schenckel thu hinwegstossen¹/ In den hacken schlachen. In dem
sey In mit deinem rechten Elnbogen an sein prust. truck damit starck auf dein/ rechte seiten vnnd schlach In den
hacken. so wirfstu In zu rucß auf dein rechte seiten./

51. Ein wurff auß dem Rigel. Item wann Ir Baid zusamen gend. so halt dich/ also In disem stuck
trit mit deinem lincken schenckel wol hinder In hin/ auß hinder seine baid schenckel vnnd greiff In mit deiner rechten
hannd/ außwendig In seinem lincken Elnpogen. vnnd mit deiner lincken/ vnnd seinen leib hinumb wol In der waich.
hat er dich also gefaßt. vnd zeucht/ dich zu Im. so schlach In den hacken mit deinem rechten fueß vnnd seinen/ linckßen
vnnd greiff In mit deinem rechten arm oben vnnd seinen hals. vnd/ mit deiner lincken hannd Inwendig In seinen
rechten Arm. In dem trek/ In von seiner rechten seiten herumb auf dein rechte. so wirfstu In.

52. Ain wurff auß der wag. Item halt dich also In Disem stuck. stand mit dei/nem rechten fueß vor.
sat er dann auch also gegen dir mit seinem lincken fueß vor. vnnd mit dem rechten zwischen deinen baiden fueßen.
vnnd stell dir mit seinem rechten Arm/ vnnd deinen hals hinnumb. In mainung mit dir zu arbaiten. so gib dich Indes
behend./ nider In die wag. vnnd ergreiff In mit deiner rechten hannd seinen lincken schenckel./ vnnd mit der lincken
greiff In hinden vnnd seinen leib hinumb In sein lincke wehr/ sey. In dem gib dich behend an./ aufs der wag. vnnd
wirff In vber deinen lincken schenckel/ zu Ruck.

53. Ein hüff wurff. Item wan Ir baid zusamen Gend./ so hallt dich also stannd mit deinem rechten fueß
vor. vnnd mit dem lincken trit herumb/ außwendig fur seinen lincken. In dem greiff In mit deiner rechten hand In
seinen linck/ ben arm von aussen. vnnd mit deiner lincken hinden vnnd seinen leib hinumb. hat/ er dich alle gefaßt. vnnd
will dich herumb schwingen so gib dich wol hinderlich In die wag/ Indes greiff In mit deiner rechten hannd hinden vnnd
seinen hals vnnd mit deiner/ lincken In sein rechte kuchsel. hat er dich also gefast. vnnd gibt sich alle fast², hinder sich/
In die wag so laß dein rechte hand den seinem lincken Elnpogen sey Ins damit/ an seinem hals vnd truck In vber
zu der erden.

54. Ain einwinden. Item schick dich also Mit disem stuck. stand/ mit deinem lincken fueß vor. vnnd
greiff In mit deiner lincken hannd nach sei/ner rechten seiten. Greifst er also nach dir. so wind In Indes behend
sein lincke hand mit/ deiner rechten hinwegk das du In darmit nach lincken leib hinnumb furich. winde es dir/ dein
lincke hand also hinwegk. so greiff In mit deiner rechten hannd In seinen lincken/ Arm. Greifst er dir also vber. so
sey In mit deiner lincken hannd wol In seinen rechten/ arm von vannden. In dem zuck In wol zu dir auf dein prust.
vnnd schweig In auß dem/ Rad von deinem lincken auf dein rechte seiten. so mueß er fallen.

55. Ein wurff auß der wag. Item halt dich Also In disem stuck. trit mit deinem/ lincken schenckel
wol fur sich hinauß vnnd greiff In mit deiner rechten hand hin/ ben wol seinem rechten hals hinnumb nach seiner rechten Achßel.
vnnd mit deiner lincken In/ wendig In seinen lincken arm. hat er dich also gefaßt. vnnd vermaint dich vber seinen/
rechten schenckel herumb zu schwingen. so greiff mit baiden henden mit seinem rech/ ten schenckel. vnnd gib dich runder
seinem rechten arm wol nider In die wag doch In/ In mit deiner lincken Bohsen starck vanter seiner rechten Bohsen
durchburch tringst./ Indes sey deinen lincken schenckel hinder seinen rechten vnnd heb wol oberstch In der. doch. so
wirfsten In zu ruck.

56. Ain wurff auß der schwech mit dem hacken. Item wann Ir baid zusamen Gend/ so hab acht vnnd
trit In den Inwendig mit deinem rechten schenckel zwischen seinen lincks/ en In der hacken. das derselb fueß hinnaß vertzt
stannd. In dem greiff In mit deinem/ rechten arm oben vnnd seinen hals. vnnd truck damit vnderrsich. hat es dich
also gefaßt./ vnnd mit dir sterckt vander sich lincken so thu dein lincke hand zu hilf sey sty. In dein lincke seiten.
In dem wind dich mit deinem lincken Arm. vnnder seinem rech/ ten hinderck vnnd truckh In mit dem Elnpogen starck
In sein rechte seiten. Indes laß/ In mit deiner rechten hannd wol vnden ben seinen genechten. so wirfsten In auß dem
hack./ ben fur sich auf das angesicht.

57. Ein Ruchklinger wurff. Item halt dich also Mit disem wurst. stannd/ mit deinem rechten fueß gegen
In vnnd greiff In mit deiner rechten hannd vnd/ seinen hals hinunb auf sein rechte Achßel vnnd mit deiner lincken
Inwendig In/ seinen lincken arm. hat er dich also gefaßt. vnnd will dich zu In ziechen. so gib dich behend/ wol nider
In die wag. vnnd erwisch In mit deiner rechten hannd seinen rechten/ schenckel, hob den wol obersich vnnd mit deinem
lincken Elnpogen trucke In/ starck in sein prust. so wirfstu In zunucks vber deinen lincken fursgesetzten schenckel./

58. Ain einlauff In den hacken. Item wann Ir baid zusamen gend. so schick dich also/ stannd mit
deinem lincken fueß vor vnnd greiff In mit deiner lincken hand hinden/ vber seinen rucken nach seiner lincken Achßel.
vnnd mit deiner rechten vber sein prust/ deiner lincken zu hilff. gib dich damit wol nider In die wag. vnnd zuch In
zu dir. zeucht/ er dich also zu In. so trit mit deinem rechten schenckel hinder seinen lincken In den hack/ en vnnd greiff
In mit deiner rechten hannd vber sein achsel In sein rechte Bohsen vnnd mit/ deiner lincken außwendig In seinem
rechten Elnpogen Indes schwing In vber deinen rech/ ten schenckel fur sich auf das angesicht.

59. Ein schloß klingen. Item schick dich also In diser stuck./ wann Ir zusamen gend. stal er dann mit
seinem rechten schenckel zwischen/ deinem baiden fursen. so greiff In mit deiner rechten hand vber sein prust/ nach seiner
lincken Achßel. vnnd mit deiner lincken erwisch In sein lincke/ zeuch damit wol zu dir. In dem sey In mit deinem
sin wol auf sein rechte/ Achßel. truck damit starch vndersich vnnd schwing In vber deinen lincken/ schenckel zu Ruck.

60. Ain beinpruch. Item halt dich also Mit disem stuck. stannd mit/ gestreckten fueßen aufrecht. vnnd
greiff In mit baiden armen von Inwendig In/ sein prust. hat er dir also an dein prust gesetzt so wind In mit

¹) thu, als wolltest du.
²) richte dich auf. ³) fast = sehr

deinem beiden armen von / auswendig vnnder seine baid dem Zaumen Roß Im mit deinem rechten schenckel ge/waltig auf sein linckse knieschreiben. so prüchstu Im den schenckel ab oder zuchst Jn zu / dir. so würffstu Jn damit.

61. Ein einwinden bewart ein wurff gert. Item wann Jr Beid zusamen kommt vnnd einander also / bey den armen gefast hant. so schlach Jm den backen mit / deinem rechten schenckel / vnd seinem lincken vnnd wind Jm mit deiner rechten hannd vnnd seinen hals auf / sein rechten Achsel vnnd mit deiner lincken greiff Jm In sein prust hat er dich also ge. / fast zu einem wurff. so ereüsch Jn lincken bey seiner waich so mach er mit dir fallen. / hat er dich also mit sampt Im geweifset. so sey Im mit deiner lincken hand vornen / an seinem hals so windstu dich wider von Jm auf.

62. Ein hauptprechen. Item schickt dich also Mit disem stuck. wann / Jr zusamen gond. setz mit deinem lincken fuss vor. stat er dann. auch also gögen dir / mit aufgethonen brempten so ereüsch Jm mit deiner Rechten hannd seinen rechten bar. / arm rund mit deiner lincken hannd greiff Jm hinder die recht hand so magstu Jnen / prechen Indes spring mit deinem rechten schenckel wol auf sein lincke seiten vnd greiff / mit deiner lincken hannd wol Jm sein waich. so würffstu Jn vber den lincken fuss.

63. Ein einwinden mit einem armpruch. Item wann Jr zusamen Gond so schickt dich / also Jm disem stuck. greiff Jm mit deiner rechten hannd Jn sein lincken achsel. vnd / mit deiner lincken Jm sein rechte Bchsen. hat er dich also gefast so wind Jm mit dei / nem rechten arm vber seinen lincken von Innwendig herauß hinder seinen lincken / Elnpogen vnnd mit deinem lincken Arm auch von aussen vber seinen rechten / bey damit storch vberfsich vnnd trusch an dich so magstu Jm seine oren prechen / will der armpruch aber nit gern. so schlach Jm mit deinem rechten schenckel an / seinen lincken so muß er fallen.

64. Der hinderwurff des Backens. Item wann du zu Dem mann kompst. so halt dich also / mit disem stuck. trit mit deinem lincken schenckel hinein vnnd greiff Jm mit deiner linck / en hand hinden vber seinen ruckhen Jm sein lincke Bchsen. vnnd mit deiner rechten / Jm vnden seinen rechten arm. hat er dich also gefast vnnd zuckt sich zu Jm. so schlach / Jm den backen mit deinem rechten schenckel vnnd seinem lincken vnnd greiff Jm mit dei / nem rechten arm eben vnd seinen hals hinauß Jm sein rechte seiten. vnnd mit deiner linck / en hand auswendig Jm seinen rechten Elnpogen. Jn des schwing Jn vber dein rechte hüff / herumb. so würffstu Jn furfsich.

65. Ein wurff auß dem schrogen. Item schickt dich Also Jm diser stuck. trit mit / deinem lincken schenckel hinein vnnd kom Jm mit deinem kreütz vnnder seine / rechten Bchsen vnnd mit deiner rechten greiff Jm Jnn sein lincken Arm. hat er dich / also gefast. so ergreiff Jm mit deiner lincken hannd seinen rechten schenckel. bey / dem damit wol vberfsich. Indes trit mit deinem rechten schenckel hinder seinen lincken. / vnnd mit dem rechten Arm laß Jm von oben vber seinen hals hinamb. so würffstu Jm auß / dem Schrogen auf dein rechte seiten.

66. Ein verkerter wurff vber die linck hüff. Item halt dich also Jn disem stuck. wann du für / den man kumpst. trit er mit seinem rechten schenckel an deinen lincken. vnd will dir mit / seiner rechten hand nach deiner lincken Bchsen greiffen vnnd mit seiner lincken noch / deiner rechten seiten Jn die waich. so fall Jm mit deiner lincken hand oben vber seine / bayd oder seine / bayd oben nach seinen rechten Arm vnnd auf deinen rechten greiff Jm Jm sein lincke / Bchsen zuch Jn damit zu dir Indes trusch Jn starck vnnderfsich auf dein prufst. vnnd sey Jm dein lincke hufft Jm sein lincke. so magstu Jn recken ¹) vnnd trifft Jn auch damit / von deiner lincken auf dein rechte seiten.

67. Ein wurff auß der wag. Item wann du zu Dem man kompfst so halt dich / also trit mit deinem lincken schenckel zwischen seine bald fuss. Jndes gib dich wol vber / Jn die wag vnnd greiff Jm mit deiner rechten hannd zwischen seinen gemechten hin / trüsch vnnd mit deiner lincken hinden vnnd seinem Leib hinauß. deiner rechten zu / hilff / heb Jn damit vberfsich hat er dich also gefast vnnd sey dich oberfsich. so fall Jm mit deinem / rechten arm oben vber seinen hals Jn sein rechte Achsel vnnd mit deiner lincken / Jnnwendig / Jn seinen Rechten arm Indes heb deinen rechten schenckel wol auf vnd / stoß Jn mit deinem knie Jnnwendig Jn sein lincke kniepug. so muß er fallen.

68. Ein wurff auß der obern Schweck. Item wann Jr bald Zusamen gond so schickt dich also Jm di / ses stuck trit mit deinem lincken schenckel vol dieser hinder seine bald rechten stost vol / nider Jm die wag Jndes greiff Jm mit baiden armen eben nach seiner rechten Achsel vnd / trusch mit sterck vnderfsich. hat er dich also gefast. vnnd zuckt sich vnderfsich. so greiff / Jm mit baiden armen oben vnd seinen Leib hinamb. vnnd faß Jm seinem kopff vnnd Arm en / der seiner rechten Bchsen zusamen Indes schlach Jm mit deinem rechten schenckel den backen / vnnd seinen lincken. so würffstu Jn auß dem obern Schweck vnnder dich.

69. Ein wurff auß der kurzen hüff. Item schickt dich Also Jm diser stuck wan du / zu dem man kumpst. trit mit deinem lincken schenckel wol hinfur zu seinem lincken / vnnd gib dich wol vber Jm die wag mit dem kopff vnnder sein rechte Bchsen. Jndes / greiff Jm mit deiner rechten hannd vber sein waiche Jnnwendig Jm seinen lincken / Kruo vnnd mit deiner lincken hannd vnnd seinem Leib hinamb Jn sein lincke / Bchsen zuch Jn damit zu dir. hat er dich also gefast vnnd zuckt sich zu Jm. so fall Jm / mit deinem rechten arm eben vber seinen hals. Jm sein rechte seiten vnnd mit deiner / lincken auswendig Jm seinen rechten Elnpogen. Indes schwing in auf die kur / zen huff oder / deinen rechten schenckel.

70. Ein wurff auß der hochen huff. Item holt dich Also Jm disen stuck. wann du / für den man kumpst. wann du dich wolfest Jm den backen begeben vnnd er dir zu / weit fert. so spring mit baiden fuefsen wol für Jm hinauß. Ist er also zu dich hinauß / treten. so greiff Jm hinden mit deinem linck en arm. vnnd seinen Leib hinamb vnd / mit deiner rechten hand Jm sein lincke Achsel. hat er dich also gefast. vnnd vermaint / dich herumb zu schwingen. so fall Jm

---
¹) verletzt nachrichen; s. oben das X. Strayfeld.

mit deinem Rechten Arm oben ober sein Achsel/ In seig rechte Bchsen rund fah In starckh rund mit deiner lincken hand anfaren/ big Inn seinen rechten Elnpogen Indes gib dich vornen wol nider rund schwing In/ auß der hohen bust ober deinen rechten schenckel herumb für dich/

71. Ein wurff auß der auffschlahenden huff. Item balt dich also Inn disem stuck. wann du zu dem man/ kumpst trit mit deinem lincken schenckel wol hinauß für seinen lincken. rund greiff/ Im mit deiner Rechten hand Inn sein lincke Bchsen rund mit deiner lincken hinden rund/ seinen leib hinumb deiner rechten zu hülff. truckh In damit zu dir. hat er dich also gefast./ rund truckt dich zu Im. so ergreiff Im mit deiner lincken hand seinen lincken schenckel/ heb den damit wol oberfich. vund mit deiner rechten vnd seinen hals hinuber Inn sein rech-/ te Achsel. zeuch In damit auf dein rechte Hufft Ja des gib dich widerumb Inn die hoch auf. so magstu In tragen oder werffen.

72. Als wurff auß der obern vnd vndern schwech. Item balt dich also In Disem stuck wann Ir/ zu-samen gond. trit er mit seinem lincken schenckel hinein gögen dir das du mit baiden./ fursten zwischen Inn steh. vund weil dir mit seiner lincken hanad nach deiner Linck/en Achsel greiffen. so soll In mit deiner lincken hand oben auf seinen lincken/ Arm. so ist sein obergreiffen vergebens Inndem sey In damit zu seinem hals. vnd/ mit deiner Rechten hand ermisch Im seinen lincken fueß ten rucken so ist er/ oben rund vnden geschrencht. Indes truckh oben starckh runderfich vund vnden/ heb wol oberfich so trueckstu In wider zu der erden.

73. Ein rucken foß mit einem Wurff. Item wan Ir zusamen Gend so schich/ dich also Inn diß stuck will er dir mit deiner hand/ seiner/ Rechten hand nach deiner rech-/ ten seiten greiffen vund mit seiner lincken hinden vund seinen fueß: deinen/ leib hinumb In/ der waich. so erwisch Im mit deiner rechten hand bey seinem Rechten Eln:/ pogen zeuch In damit zu dir auf dein brust. so gibt er sich nider. Indes sey In deinem/ rechten Elnpogen wol oben Inn seinem Ruckhen. so trueckstu In wider zu der erden./

74. Ein hinder wurff. Item schich dich Also Inn dises stuck lauft Er/ dir mit seinem kopff wider deinem rechten arm hindurch vund fast sich mit seiner rech-/ ten hand Inwendig In deinem lincken Arm vund mit seiner lincken zwischen deinen/ baiden schenckeln so greiff Im mit deiner rechten hand hinderwerz In sein lincke Schies/ vund mit deiner lincken In seinen rechten Arm Indes heb seinen Lincken schenckel mit/ deinem rechten oberfich vnd zeuch In damit ober dein rechte hufft. heiser so magstu In/ werffen.

75. Ein wurff auß dem geschrencklten hacken. Item wann Jr zusamen gond so balt dich also Inn disem stuck trit mit/ deinem lincken schenckel hinein vund greiff Im mit deiner rechten hand außwendig nach sei-/ nem lincken Elnpogen vund mit deiner lincken wol oben Inn seiner/ seinen rechten arm. hat er dich/ also gefast vund will dich zu Im ziehen so greiff Im mit deiner rechten hand vnuder seiner/ lincken Bchsen hindurch oben In sein goller vund mit deiner lincken fass In bey seinen rechten, Arm Inndem schlach In dem hacken Inwendig mit deinem rechten schenckel vnd/ seiner/ lincken vund zeuch mit deiner rechten hand zu dir. vnd mit der lincken truckh von dir. so muß/ er zu Ruckh fallen.

76. Ein puispruch mit einem Wurff. Item wann Jr bald zusamen gond so schich dich also Inn dises stuck/ trit mit deinem lincken schenckel. Außwendig fur seinen rechten vund greiff Im mit dei/ ner rechten hand auß-wendig Inn seinen lincken Arm wol oben vnd mit deiner lincken hinden vund seinen leib In der waich. hat Er dich also gefast vund will In zu Im ziehen. so greiff Im mit deiner lincken hand wol oben Inwendig In seinen rechten Arm. vund mit/ deiner Rechten hinden vund seinen leib hinumb In sein rechte seiten Indes stoß In mit dei/ nem rechten schenckel gewaltiglich auf sein recht schinbain. so magstu In bey pressen vund zeuch In oben zu dir. so magstu In auch werffen./

77. Ein wurff auß der waich. Item balt dich Alse Inn disem stuck. wann Jr zusamen gond./ fur Er mit gleichen fursten auch dir. vund greifft Im mit deiner rechten hand In deiner/ lincken Arm vund mit seiner lincken ober deinen rechten Inn dein Rechte Bchsen. so soll Im/ mit deiner lincken hand Inn sein rechte Achsel. vund zeuch In zu dir Indem greiff Im mit/ deinem rechten arm vnuder seiner lincken Bchsen hindurch hinden Inn sein waich vnd/ wend dich von deiner lincken auf dein rechte seiten. so wirffstu In uber die kurz Hufft. oder auß/ der waich.

Ringer kunst: fünff vnd achtzig
stücke/zu ehren Kurfürstlichen gnaden zu Sachssen rc.
Durch Fabian von Auerswald zugericht.

M. D XXXIX.

Vorrede.

Zu ehren vnd vnterthenigem gefallen/ dem Durchleuchtigsten vnd Hochgebornen Fürsten vnd Herrn/Herrn Johansen Friderichen/ Hertzogen zu Sachssen/ vnd Kurfürsten rc. meinem gnedigsten Herrn/habe ich Fabian von Auerswald/ für mich genomen/ die alte Ehrliche vnd Adeliche kunst/des Ritterschimpffs/des Ringens/wie ich bey Regierung/weiland des durchleuchtigsten Hochgebornen Fürsten vnd Herrn/Herrn Ernsten/Hertzogen zu Sachssen/vnd Kurfürsten/seliger vnd Christlicher gedechtnis/solchs von der selben weitberümten Ringmeistern/ die dazumal bey seiner Kurfürstlichen gnaden zu Hofe gewesen/ vnd die Jugent/als meine gnedigste vnd gnedige Herrn/seiner Kurfürstlichen gnaden Söne/vnd andere Fürsten/Grauen vnd Herrn/ vnd die vom Adel vnd mich gelernet/ Vnd jnn solchen Ritterlichen vnd Adelichen künsten/vnterweiset/zusamen gezogen/ vnd mit artigem vnd lustigem Gemelde/ vnd schrifften/jnn Druck bringen lassen/welches auch die rechte art vnd kunst des Ringens ist/vnd vormals der gestalt/nie an tag komen/ Welches ich auff hochgemelts meins gnedigsten Fürsten vnd Herrn begern/ mit verleyhung Göttlicher hülffe volendet/Vnd vielen ehrlichen vnd guten Leuten zu nutz/ ehren vnd fromen/zu Ernstlichen vnd Ritterschimpfflichen sachen/ habe wöllen ans liecht bringen. Vnd ist mein vnterthenigs/dienstlichs vnd freundlichs bitten/an wen/von hohen oder nidern Stand/ solche meine arbeit/mühe vnd vleis/komen vnd gelangen wird/ Er wölle die selbig von mir zu gnaden/gunsten vnd freundschafft annemen/ vnd mich vnd meine Kinder jn befolhen sein lassen/ Sonderlich dieweil ich nu mehr ein alter vorlebter Man/Denn ich bin im vierzehenhundert vnd zwey vnd sechzigsten jar geborn/Vnd hab solche meine arbeit/nach Christi vnsers lieben Herrn geburt/ 1537. jare zu Witemberg verfertiget.

Guter Gesell nicht verzage/
Bis keck vnd ring wol die wage.

Fabian von Auerswald.

Erstlich so sihe auff/ob der Man hoch oder nidrig zu dir gehet/ Gehet er
hoch/ so darffstu dich nichts besorgen/ vnd magst die stücke/
so du im sinn hast/frey nemen/ Gehet er aber nidrig/
so habe dein sinn guter acht.

A iij   Das

Das erste ist / das man einem kurtz für der Hand abwindet / linck
vnd recht / Daraus sihet man / wie sich der Man gegen einem halten wil.

Da falle

Das ander stücke des Schloßringens.

Da falle ich mit meinem lincken Arm vber seinen lincken hinüber/vnd hebe von jnnwendig sein lincke Bein vber dem Knie auff/ vnd trette mit meinem lincken Schenckel hinder seinen rechten/ Da mus das vberfallen vnd trit ein ding sein/ so schnel mus es zugehen.Vnd das gehet von beiden seiten.

Dis stücke

Dis stücke heisset die schweche des Arms/das du mit deiner rechten
Hand schlaheft uber seine lincke/nahe bey der
Fauft/so mus er sich biegen.

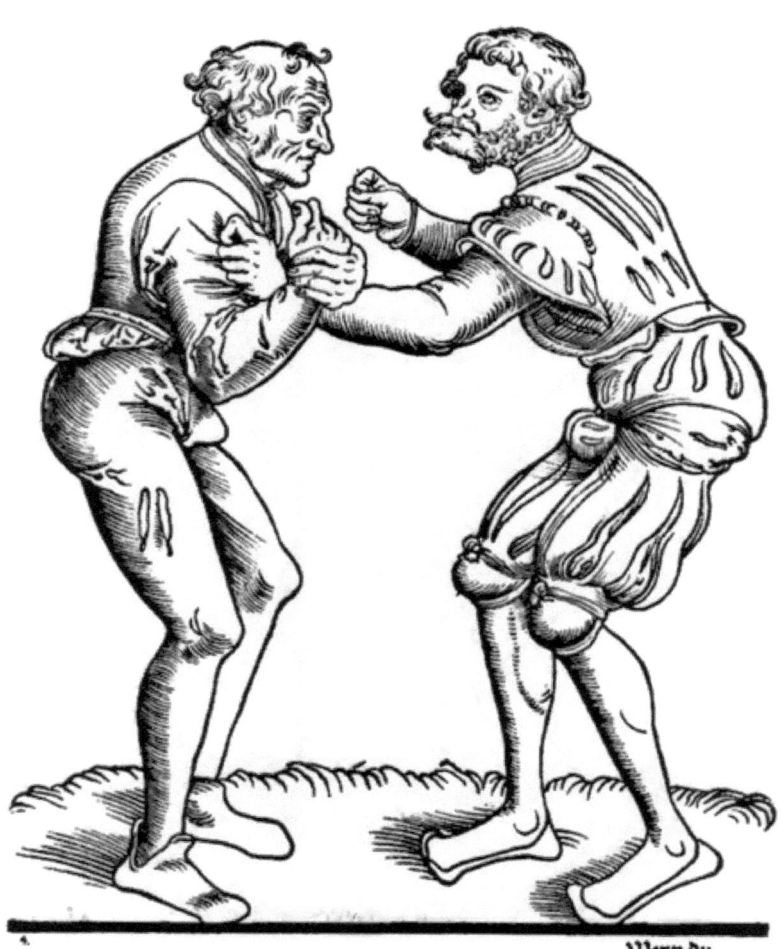

Wenn du

Wenn du nu ſiheſt/das er ſich beuget/ſo nim mit deiner lincken Hand ſeine lincke
vnd zucke in/ Darnach ſtrecke deine rechte Hand vnter ſeinem Kinn hin/
durch/vnd im ſtrecken/muſtu mit deinem rechten Bein hinder
ſeinen lincken Schenckel ſpringen/ſo biſtu
ſeiner gantz gewaltig.

Das zucken

Das zucken vor dem Man.

Wenn ich jm abgewunden habe/so kome ich mit meiner rechten Hand an seine rechte Hand/vnd mit meiner lincken Hand an seinen rechten Elnbogen/vnd zucke jn für mir vber/Vnd im zucken/wisch ich mit meiner lincken Hand vnter seinem rechten Arm hindurch/vber seine Brust/Vnd im zucken/tret ich mit meinem lincken Schenckel hinter seinen rechten/ So hebe ich jn emsi der lincken hüffe/vnd bin sein gantz gwaltig.

Das durchlauffen vnter dem Arm.

Im angreiffen erwiſche ich jm ſeine lincke hand mit meiner rechten/ vnd zucke dieroberſich/vnd lauff mit dem Kopff vnd Leibe vnter ſeinem lincken arm hindurch/ vnd tret mit meinem lincken ſchenckel nach ſeinem rechten bein/vnd richt mich auff/ ſo hab ich jn auff meiner lincken hüffte gewaltiglich).

B   Das

Das abwinden vber den Arm mit einer Hand.

Dis ist alleine eine Figur oder verzeichung des abwindens vber den Arm / daraus nachfolgendes stücke gehet.

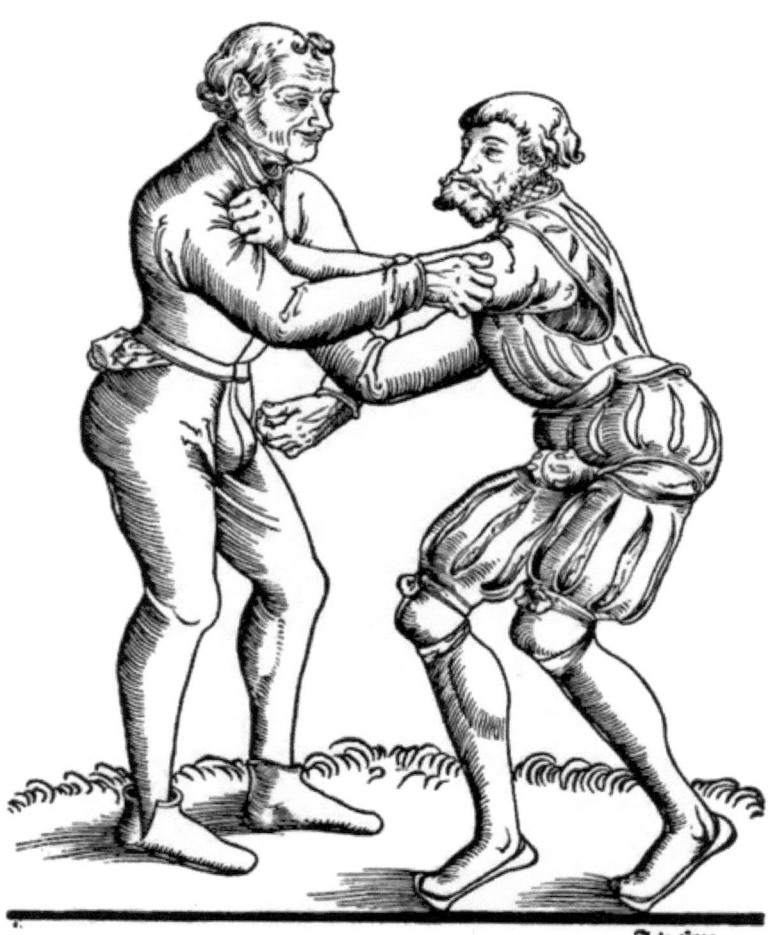

Ich setze

Ich setze meine lincke Hand auff seinen rechten Arm/ vnd mit meiner rechten Hand erwische ich in.

Das Radt vor dem Manne.

Alhie trette ich mit meinem rechten Schenckel als weit ich kan / nach seinem rechten Schenckel.

Der Trapp.

Der Trapp.

Darnach spring ich mit meinem lincken Schenckel hinach/so heisset der Trapp/vnd gebe mich aus meiner wage/so heisst es das Radt vor dem Manne.

B iij Das

Das Schlosringen.

Da fall ich mit meinem lincken arm vber seinen lincken Arm / vnd trette
mit meinem lincken Beine hinter seine rechte Ferst / vnd ziehe
jn vber mein recht Knie / Das man linck
vnd recht nemen.

Das ist

Das ist der gewinliche trit.

Da trette ich mit meinem rechten Schenckel/schlim zu seinem rechten/Darnach halt dich/wie folgende Figur anzeiget.

Bilſſ Trit

Trit mit dem lincken Schenckel hinder sein recht Bein/vnd kom jm
mit deiner lincken Hand vnter sein Kin/vnd streck jn da
selbst/so gewinstu jm den rücken an/also wirt
der gewinliche trit volkomen.

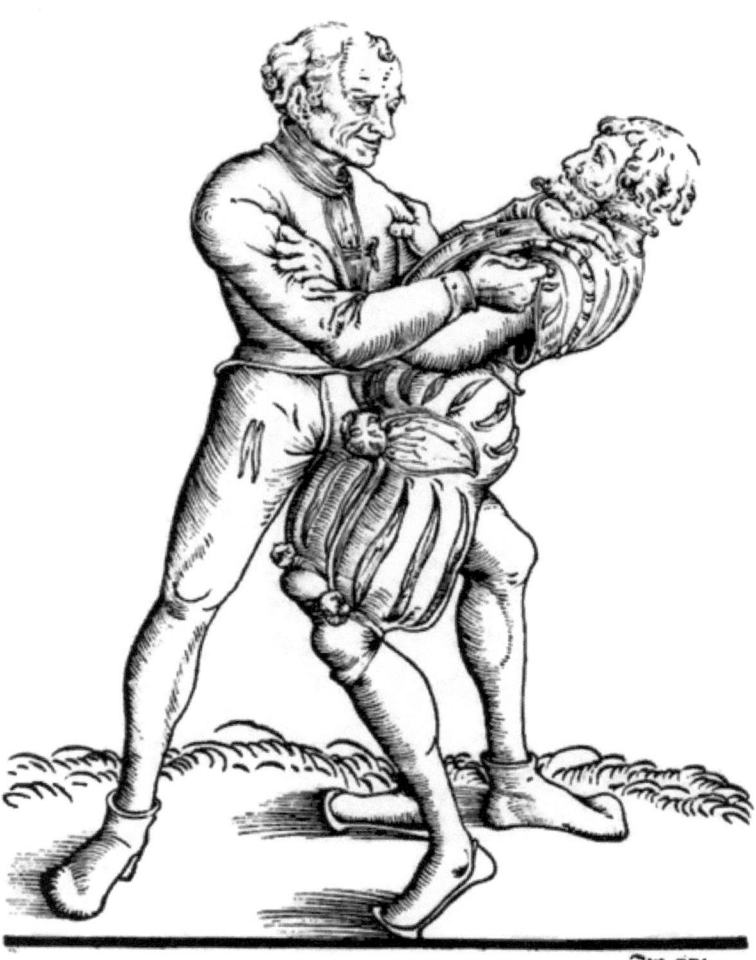

Jm eins

Im einwinden springe ich mit meinem rechten Schenckel an
sein lincke Bein innwendig/vnd neme
die halbe Hüffe.

Wenn ich

Wenn ich die halbe Düffe genomen habe / vnd jn ein wenig auff-
bracht / so trette ich mit meinem rechten Schenckel soll hinaus / so bin ich mit meiner lincken Hand an
seiner rechten Achsel / vnd ziehe jn
volkomlich herüber.

Also

Also kompt man zum Redlin bey dem Man / Das ein Arm oben ist /
der ander vnten / mein rechter Arm mus vnten sein / vnd
mein lincker oben / vnd ftemme meine lincke Hand
an seinen rechten Schenckel oben.

Darnach

Darnach mus ich mit meinem lincken Beine/tretten jnnwendig
an seinen rechten Fuß/vnd las meine lincke hand gleit=
ten an seinen rechten Arsbacken/vnd drehe jn auff
die rechte seiten rumber/Das ist das Red=
lein bey dem Man.

18.   Wenn

Wenn ich meine lincke Hand stemme an seinen rechten Schenckel/so stellt
er widerumb seine rechte Hand an meinen lincken Schenckel/So
mus ich mit meiner lincken Hand/jm seine rechte Hand aus
reissen/Und im ausreissen/trete ich hinein/so kom
ich zu den vorigen stücken/die da zu dem
Redlin vnd dem ausschlagen/dienen.

Ist der

Ist der gewinliche trit bey dem Man/ Da mus auch ein Arm unten sein/
der ander oben/ und mein rechter Arm unten/ so trette ich mit
meinem rechten Sckenckel zwischen seine Beine
gewinlich/ und mit dem lincken hinder
seinen rechten.

Wenn ich

Das Benedicts Stücke.

Alhie mus auch ein Arm oben/der ander vnten sein/vnd drucke ich hart mit meinem Kin neben seinen Hals nein/Vnd wenn ich mercke das er bewget/so kome ich mit meinem lincken Arm zwischen seine Beine/vnd ziehe jn zu mir/Dringe jn oben mit dem Kin von mir/so habe ich jn wie ich wil.

Die zwo Hüffe.

Dis sind die zwo Hüffe/das auch ein Arm oben der andern vnten ist/Darnach
tret ich mit meinem rechten Schenckel vber sein recht Bein naus/vnd
neme die Hüffe vnd zihe jn herüber/Las in nicht fallen/so kompt
sein rechtes bein für mein rechtes/vnd trit mit seinem lincken
Schenckel hintersich/so zeuhet er mich auch herüber/
das ist fein Geselliglich.

Die nachfolgende Figur / gehört zu der
nehesten vorgehenden.

Die Düffe

Die Hüffe des Elnbogens.

Wenn mich einer vorn ins Wammes faßt/so wisch ich mit meinem Elnbogen hart an seine Fauſt/vnd geb mich nider jnn die wage/so reiß ich mit meinem Elnbogen seine Fauſt eraus/vnd gebe mich auff/folge mit meiner rechten Hand nach/trete mit meinem rechten ſchenckel naus/vnd neme die rechten Hüffe/die gehet gewaltiglich.

Wenn mich einer fassen wil/so kom ich mit beiden Armen vber seine Arm vnten zu hauff/ vnd hebe jn also mit den Armen auff/vnd schlahe mit meinem rechten Schenckel an seinen lincken/so fellt er so viel ehe.

Wenn

Wenn mich einer mit beiden Henden vorn inn mein Wammeß hat
gefaßt/ so fare ich mit meinen beiden Elnbogen/ zwisschen
seine Arm/ vnd gebe mich nider inn die Wage/ so
reis ich im beide Arm aus.

Das stuck

Das stücke heißt das einbrechen
mit den beiden Elnbogen.
Wenn ich einem beide Arm ausgerissen habe/so habe ich beide meine Arm vnten/so erwisch ich mit meinen Armen seine beide Bein/ vnd hebe jn zu mir/vnd gehe mit meinen Knien voneinander/so bringe ich seine Beine vber mein Knie.

Der Misthack.

Der Mistback.

Wenn einer beide Arm vnten hat / vnd druckt mich mit gewalt zu sich /
so kom ich mit meiner rechten Hand vnter sein Kin / vnd dringe jn
von mir / Vnd im dringen / kome ich mit meinem rechten
Bein hinder sein linckes jnn die Knieckele / Das
stücke gehet auch linck vnd recht.

Die linckte

Die lincke Hand setze ich auff seine rechte/so nahe ich kan/Daraus gehet nachfolgendes stück.

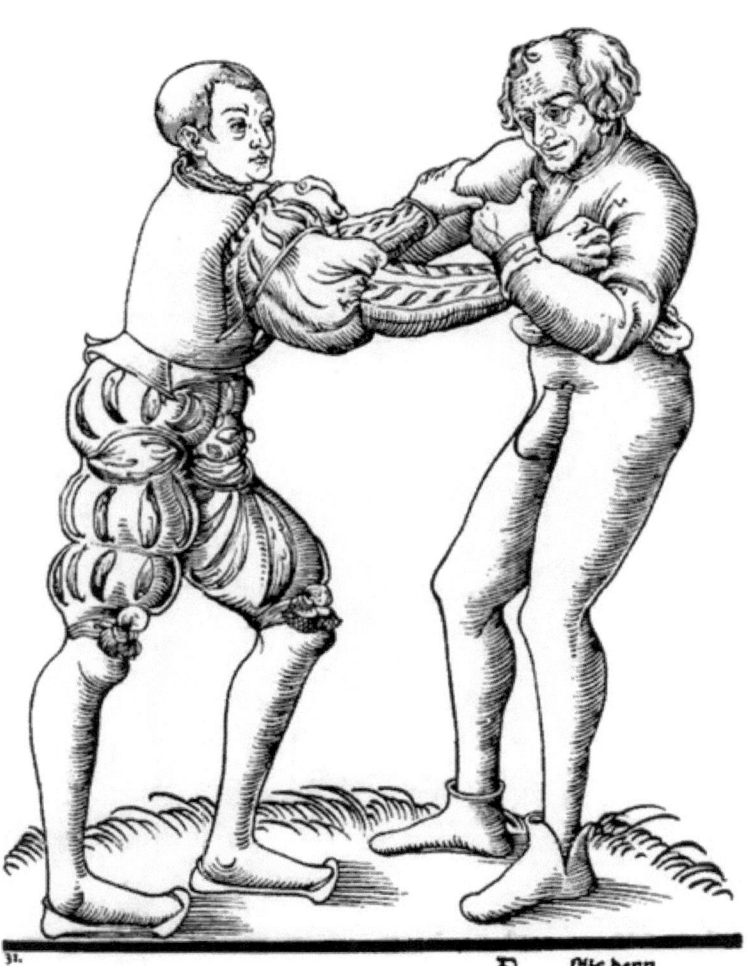

31.   D   Als denn

Als denn greiff ich mit meinem lincken Arm vnter seinen rechten Elnbo
gen/vnd ziehe jn zu mir/so begint er zu biegen/wenn er beuget/
so las ich meine lincke Hand gleiten jnn sein rechte Faust/
Draus gehet ein scheuslich Armrencken/welchs
fast wehe thut/ Das gehört fur grobe Leute/
vnd ist nicht Geselliglich.

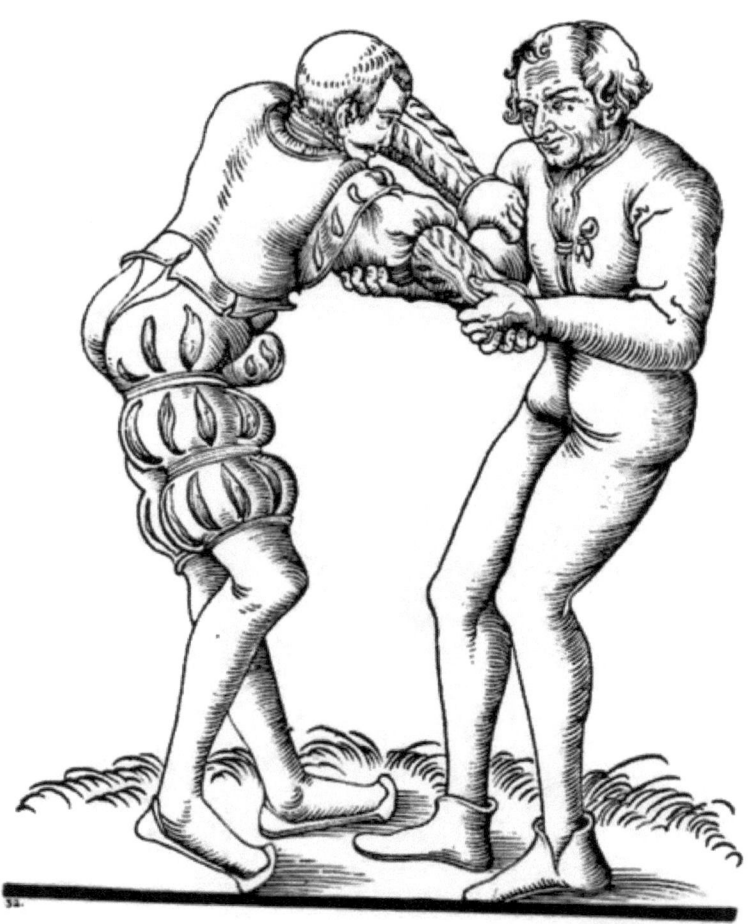

Wenn

Wenn einer mit dem kopff einem an die brust kompt/vnd kan sein nicht ledig werden/ sondern er boret hart zu einem / Das ist ein zeichen das er nichts kan / oder nemen wil/allein er wil sich sein auffhalten/So mus einer erachten/das er jm mit beiden henden jnn sein Koller oben an seinen hals kompt/vnd mus jn der wage zu ruck sprin gen vnd mit zucken/so felt er auff die knie/Hat er aber kein wammes an/so mustu acht haben/Das du beide hende oben an seinen hals krieget/vnd schleust die fest zusamen/ spring jnn der wage zu ruck/so ist es gleich eins/ Setzt er aber den kopff dir auff ein seiten/so greiff mit der selbigen hand an seinen hals/springe zur selbigen seiten/vnd zucke jn auff die Erden.

Das durchlauffen vnter dem Arm/ Da neme ich seine lincke Hand/die
rücke ich vbersich/vnd wisch mit meinem Kopff vnter seinem lin=
cken Arm hindurch/vnd trette mit meinem lincken Beine
zwischen seine Beine/So kompt meine lincke har
zwischen seine beine/vnd richte mich auff/
hebe jn jnn alle höhe

Mit meiner

Mit meiner lincken Hand/zücke ich seine lincke Hand zu mir/vnd kom
jm mit meiner rechten Hand vnter sein lincken Ellnbogen/
So gibt er mir gantz den Rücken.

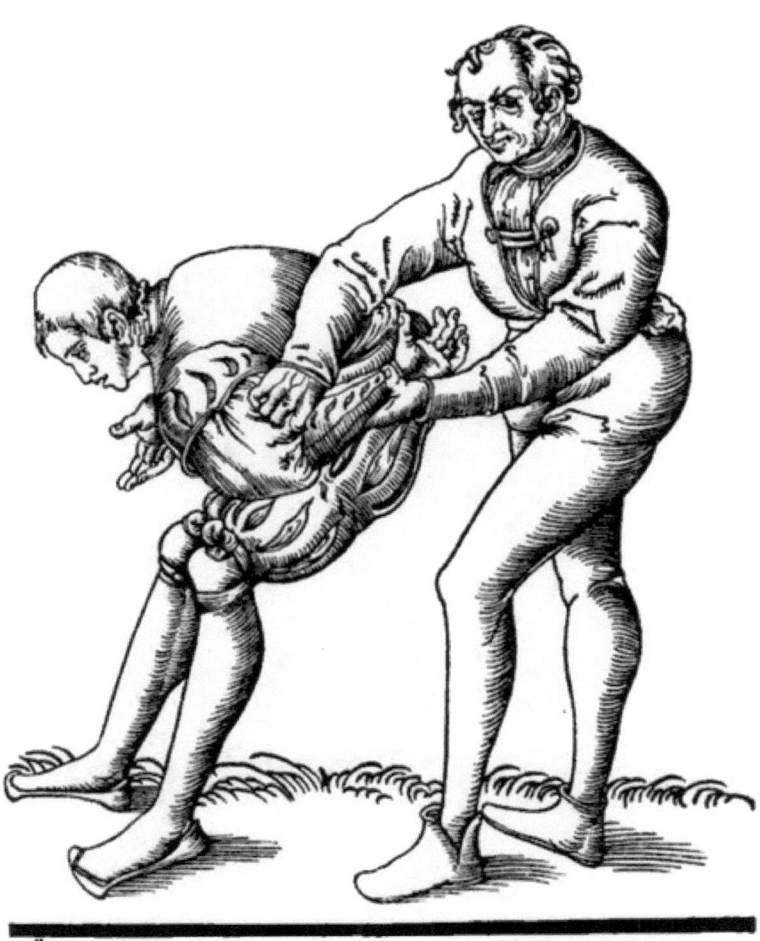

So laß ich meine rechte Hand faren hinder zwischen seine Beine/ Schlahe mit meiner lincken Hand vber seinen Hals/ vnd druck jn mit der lincken hand nider/ Hebe jn mit der rechten Hand jnn alle höhe.

Da mus

Da mus ich mit meiner rechten Hand kom̃en an seinen rechten Daw=
men/mit der lincken Hand kom ich jm hinden an sein
Schultern/So bringe ich jn jm das Radt.

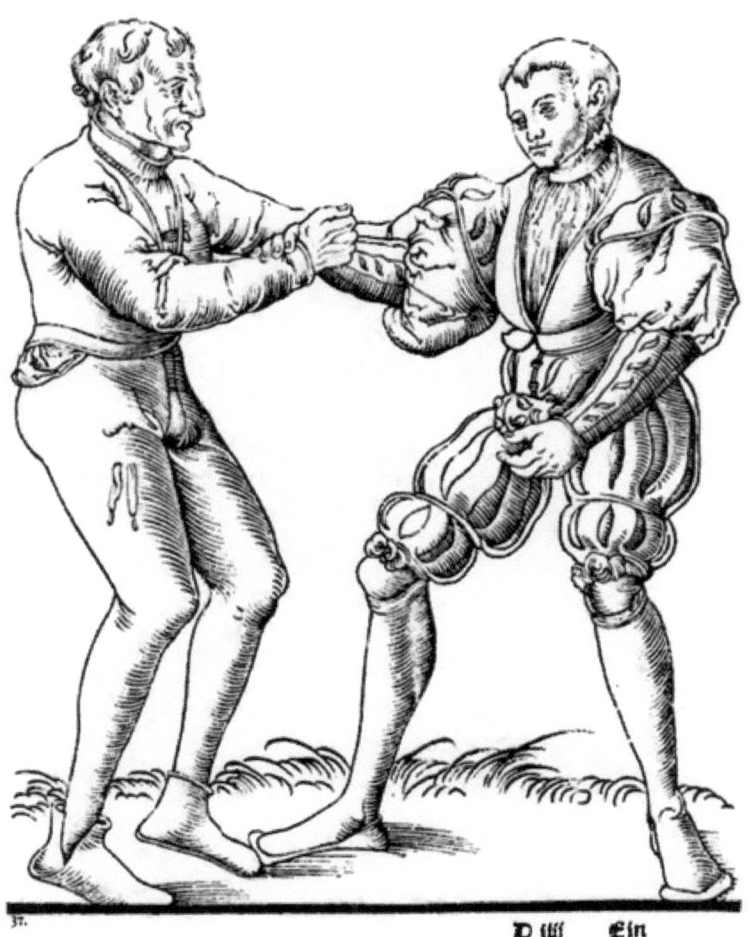

Ein Bruch vber das Radt.

Wenn er mit dem rechten Schenckel springet/ so spring ich mit dem lincken hinder seinen rechten/ vnd fahr mit meiner lincken Hand vnter seiner rechten/ vber seiner Brust hindurch / so krieg ich mit meiner rechten Hand seinen rechten Schenckel.

Ein Bruch

Ein Bruch auff das Seblosringen.

Wenner mir mit der rechten Hand hinüber fellt / so neme ich die
lincke Hüffte / Das nimpt man recht oder linck.

Einander

Ein ander Bruch vber das Schlos ringen.

Wenn er mir mit seinem rechten Arm felt vber seinen lincken/ so falte ich mit meinem lincken Arm an seinen Hals/ vnd springe mit meinem lincken Schenckel hinein/ vnd neme die lincke Hüffte/ die geber gantz frey.

Bruch

Bruch vber die kurtze Hüff.

Wenner mit seinem rechten Schenckel crauiser trit/vnd nimpt die kurtze
Hüffe/so kompt sein Fuss auswendig an meinen rechten Fuss/
So fall ich mit meinem rechten Knie jnn seine rechte Knie
kele/vnd druck nider jnn der Wage/so kompt
er nider auff die Knie.

Bruch

Bruch auff die hohe Hüff.

Bald wenn er hinein springt/ so kompt meine lincke Hand auff seine
lincke Achsel/ Dieselbe ziehe ich jm vberruck/ vnd ergreiffe
jn bey seinem rechten Schenckel/ So hebe ich
jn jnn alle höhe.

Bruch

Bruch auff die ausschlagende Hüff.

Wenn er mit der Hüffte rausser springet / so komme ich mit meinem lincken Arm vber seine rechte Achsel an seinen Hals / vnd dringe jn mit meiner lincken hand von mir / Darnach greiffe ich mit meiner rechten Hand auswendig an seinen rechten Schenckel / vnd heb jn auff nach der lincken seiten / So bin ich seiner gar mechtig.

Bruch

Bruch auff das zucken vor dem Man.

Wenn mich einer zucket mit dem lincken Arm hinaus/ so trete ich mit meinem lincken Beine hinder sein rechtes hinaus/ vnd bringe jn mit meinem lincken Elnbogen vberruck naus/ vnd erhasche jn mit meinem rechten Arm zwischen seine Beine/ Das stück e gehet linck vnd recht.

Bruch auff

Bruch auff den Haken das Ausschüpffen genant.

Wenn mir einer ein Haken stehet/so schlahe ich mit meinem lincken schenckel seinen rechten schenckel aus/vnd erwisch jn den selbigen mit meinem rechten Arm/Hebe jn auff/so bin ich seiner geweltiglich.

L ij   Dis ist

Dis ist ein Bruch vber den Bruch des Ausschüpffens / als wenn er mich
ausschüpffen wil / so neme ich den Riegel geschwinde / Der ist
mir auffs wenigst ein guter beheiff.

Ein ander

Ein ander Bruch auff den Haken.

Im einlauffen/schlahe ich mit meinem lincken Schenckel an seine lincke Ferse/vnd rücke jn mit meiner lincken Hand zurücke/ Das stücke/ können nicht viel begreiffen.

Ein ander Bruch auff den Haken.

Ich kom jm mit beiden Armen an seinen Hals / vnd bringe jn von mir / so mus er weichen.

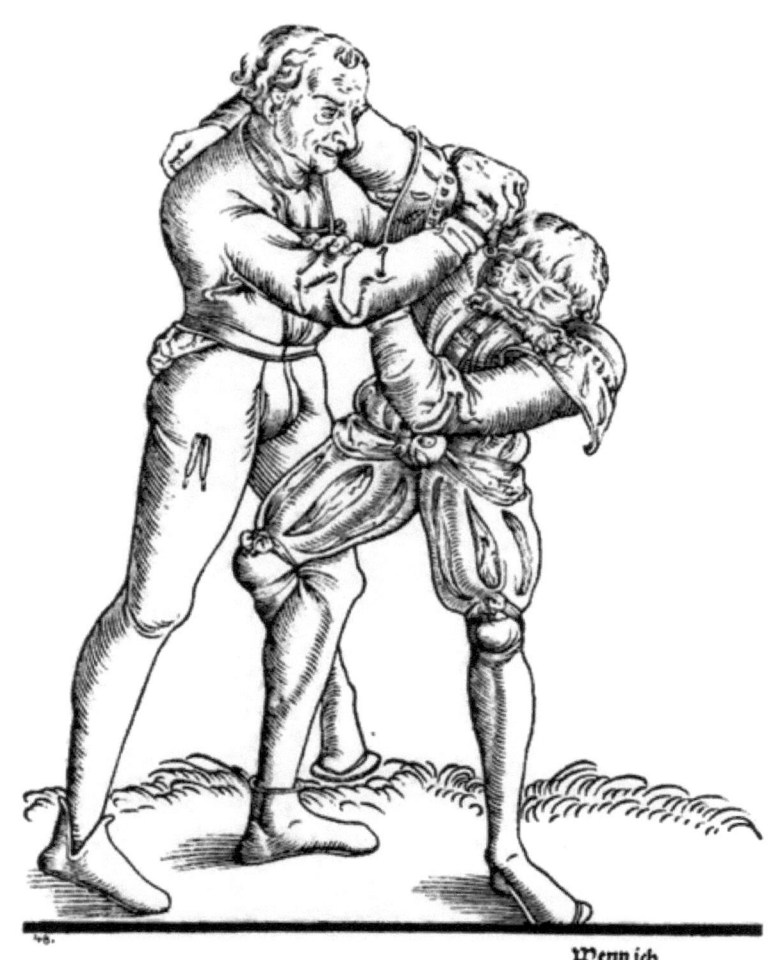

Wenn ich

Wenn ich jn mit beiden Armen von mir dringe/so las ich meine rechte Hand
jm an seinem Hals ligen/vnd drucke jn damit nider/Greiff darnach
mit meiner lincken Hand zwischen seine Arsbacken/vnd drehe jn rechts rumher/wie man sonst das Redlein bey dem Man nimpt.

E iij   Bruch

Bruch vber Bruch des Hakens einlauff.

Ich bleib vnten jnn der wage stehen/vnd schlahe mit meinem rechten Arm seinen lincken aus/vnd thu gleich/als wolt ich jm jnn haken lauffen/vnd bleibe mit meinen Beinen stehen/Daraus lerne ich/ob er den bruch des einlauffs des haken kan/Kan er jn/so kompt er selbst/so kom ich mit meinem rechten vber sein brust/vn dring jn vber mein recht knie vberruckt/kan er jn aber nicht/so nem ich den haken mit sein gehülffen.

Ein Bruch

Ein Bruch vber den Waken vnd Riegel.

Wenn er mir inn Waken gelauffen ist/so streck ich mein linck bein/so mus er inn Riegel/Er bleib nu im Riegel oder lauff mir inn Waken/so trette ich mit meinem lincken schenckel wol hinder in hinaus/vnd gebe mich gantz nider inn die wage/vnd greiff mit meiner rechten hand nach seinem lincken bein/vber seinem knöchel/so hat er keinen behelff mehr.

Bruch

Bruch vber den Riegel im Haken.

Wenn er mir im Haken stehet/vnd ich meinen lincken Schenckel strecke/
so wischt er mir jnn Riegel/vnd im neinwischen/als bald gebe ich
mich mit meinem lincken Schenckel hinter jn hinaus/
vnd gebe mich gehling nider jnn die wage/
so ist jm der Riegel zubrochen.

Die lincke

Die lincke Hüffe dienet wider den einlauff des Datens.

Dis ist

Dis ist das einwinden zum Radt / Da muß ich mit meiner rechten Hand ober seinen lincken Arm abwinden zu seinem Leibe.

Das ist

Das ist der Bruch vor die einlauffen Hüff.

Das stück heisst/hab gut achtung drauff/vnd heisst der Riegel des lincken Arms. Wil er ein einlauffen der Hüffe nemen/ Sihe darauff/dastu mit dem lincken Arm den Riegel nimpst/vnter seinen rechten Arm hindurch/vnd setze dich bald inn die wage auff die lincken Seiten.

§ Vnd ob

Vnd ob er mir schon jnn Haken kompt/so hab achtung drauff/vnd wende
deinen rechten Fuss mit der Zehe hinauswertz/so kan er zur kurtzen
Hüffe nicht komen/ Als denn mus die hohe oder die anschlahe
Hüffe genomen werden/ so thue deine lincke Hand zu/
vnd setzs jn hart an seine seiten/vnter seinen rechten
Arm hindurch/vnd gib dich auff die lincke seiten jnn die wage/vnd erwische mit deinem rechten Arm seinen rech-
ten Schenckel zc.

Vnd trit

Vnd trit mit deinem lincken Bein an seine lincke Fersen auswendig/so hebstu
mit der rechten Hand seinen rechten Schenckel auff vnd dringst
mit der lincken Hand vberruck / so kan er mit dem
lincken Bein nicht hinweg komen/
so fellt er vber rucke ꝛc.

F ij   Der eins

Der einlauff des Hakens.

Ich schlahe jm mit meiner rechten Hand seinen lincken Arm auß/vnd
kom jm vber die Achsel/vnd lauffe jm mit meinem rechten
Schenckel an sein recht Bein/ so bin ich
jm recht im Haken.

Das Schlosringen/daraus ein Armbruch gehet.

Wenn ich mit meinem lincken Arm vber seinen lincken Arm kome/so mus ich mit meinem Arm hoch zwischen seine Beine komen/so strecke ich jn seinen lincken Arm obersich/so mus er brechen/oder fallen.

Ein Beins

Ein Beinbruch.

Wenn er stehet mit gestrackten Beinen/so stoß ich mit meinem rechten
Beine auff sein lincke Knieschling/Stehet er aber recht
jun der wage/so kans nicht sein.

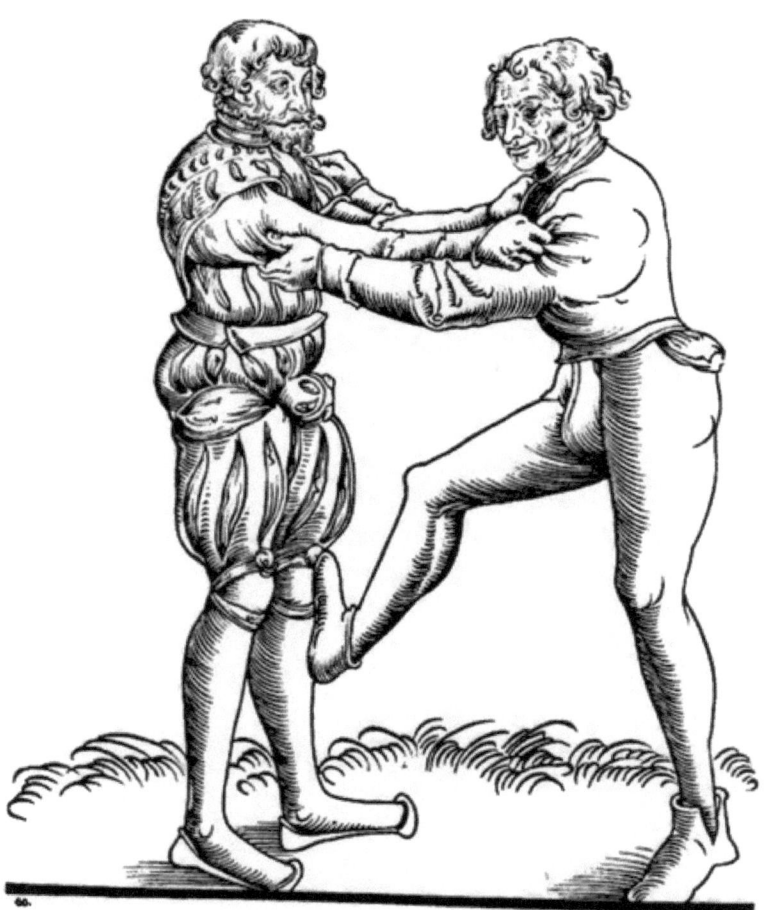

Die einwins

Die einwindung der Hüffen des Hakens.

Darnus gehet der hinderwurff/wenn ich einem jnn die Arm gehe/so behalt
ich meinen rechten Arm oben/vnd wende meine rechte Hüffe gehling/
nein/vnd lauff jm jnn Haken/vnd bleibe mit meinem lincken Fuss gegen jm stehen/So gehet der hinderwurff schnell vnd wol.

Gehet er mit auffgethanen Henden zu dir/ so nim das stücke des Faust-
brechens also/ Gibt er dir die rechte Hand/ so gib jm die lincke/
Gibt er dir die lincke/ so gib jm die rechte/ Vnd allweg
deinen Dawmen jm mitten jnn seine hand/
Wie du denn sihest.

Aus diesem

Aus diesem stücke gehet ein Armbruch/ Da kom ich mit meinem rechten Arm vber seinen lincken Arm von jnnwendig heraus/ hinder seinem lincken Elnbogen/ Vnd ob der Armbruch nicht gieng/ So schlahe ich mit meinem rechten Schenckel an seinen lincken.

Der hinder

Der hinderwurff des Hakens.

Wenn ich jnn dem Haken bin/ so wende ich den lincken Fuss hinein zu jm/ Da mus der Hake vnd die Hüffte fest anstehen/als denn geb ich mich hindersich auff/ vnd neme den hinderwurff gewaltiglich.

Der Schragen.

Der Schragen.

Aus dem eusser Haken gehet der Schragen/also/ Wenn er mir zu schweer ist im Haken/so greiff ich mit meinem lincken Arm an seinen rechten Schenckel/vnd hebe den auff/Darnach trette ich mit meinem rechten Schenckel hinder seinen lincken/So bin ich sein gantz mechtig.

Wenner

Wenn er mich hat aus dem Haken gestrackt/so kom ich mit meinem
lincken Arm ober seine beide Arm/vnd thue gleich/wie ich
den Schragen nemen wolt/vnd neme die
lincke Hüffe dafür.

Die Gibel

Die Gabel im Haken.

Mit meinem rechten Schenckel gehe ich auff so hoch ich kan/vnd wen̄
de mich mit meinem Leibe lincks rūmher/bleibe oben mit meinem Schenckel stetigs jnn der höhe/so falle
ich oben auff jn nider.

G　　Wenn

Wenn mir einer mit beiden Armen vber meinen Hals fiel/ So
neme ich jm Hals vnd Arm zu hauff/gehe auff/
vnd neme auch die Gabel.

Die kurtze